KB261718

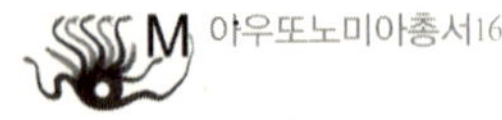 야우또노미아총서16

네그리 사상의 진화

지은이 마이클 하트
옮긴이 정남영, 박서현

펴낸이 장민성, 조정환
책임운영 신은주 편집부 오정민 마케팅 정현수

펴낸곳 도서출판 갈무리 등록일 1994. 3. 3. 등록번호 제17-0161호
초판 1쇄 2008년 10월 10일
초판 2쇄 2008년 12월 12일

주소 서울 마포구 서교동 375-13호 성지빌딩 101호
전화 02-325-1485 팩스 02-325-1407
website http://galmuri.co.kr e-mail galmuri@galmuri.co.kr

ISBN 978-89-6195-008-4 04300 / 978-89-6195-003-9 (세트)
도서분류 1.사회과학 2.정치학 3.철학 4.역사 5.맑스주의

값 16,900원

이 도서의 국립중앙도서관 출판시도서목록(CIP)은 e-CIP 홈페이지(http://www.nl.go.kr/ecip)에서
이용하실 수 있습니다(CIP제어번호: CIP2008002893).

네그리 사상의 진화

마이클 하트 지음

정남영·박서현 옮김

『붉은 노트』
1959년 네그리는 판지에리, 알꾸아띠 지도하에 또리노에서 출판되던 『붉은 노트』지 간행에 참여했다.

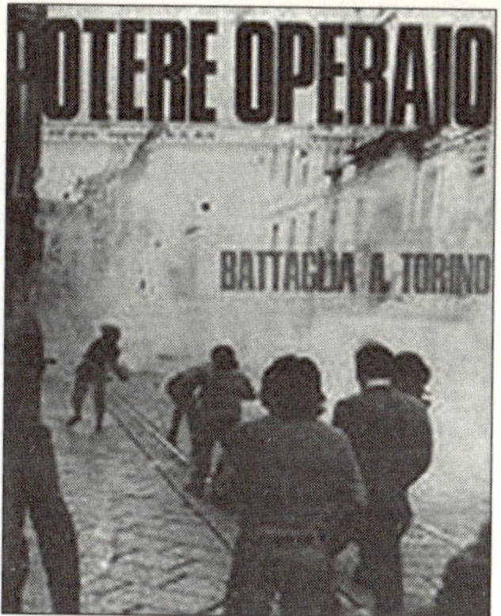

<노동자 권력>
1967년 네그리는 <노동자 권력> 집단에 참여했다.

오페라이스모 행진
1963~1966년 사이 <붉은 노트>의 분열 이후 네그리는 마리오 트론띠, 로마노 알꾸아띠, 쎄르조 볼로냐 등과 함께 『노동계급』 지를 창간함. 이것이 오페라이스모의 시작이었다.

1969년 거리행진
1968~9년 프랑스에서 시작된 혁명이 잦아든 후 1969년에 이딸리아에서 뜨거운 가을이 시작되고, 노동자들의 공장점거가 중요한 투쟁형태로 자리잡았다.

<계속 투쟁>(Lotta Continua)
1969년 뜨거운 가을 시기에 네그리는 <노동자 권력>을 중심으로 활동했으며, 이후 이 조직은 <계속 투쟁>으로 변화한다.

<노동자의 자율>
1973년 롯쏠리나 대회에서 <노동자 권력> 해체, 네그리와 이딸리아 북부 도시들의 많은 투사들이 <노동자의 자율>(la Autonomia Operaia)을 결성했다.

『롯쏘』(*Rosso*)

1974년 네그리는 밀라노에서 발간되던 정치신문 『롯쏘』에 참여했다. 이것이 이딸리아 북부 <노동자의 자율>을 연결하는 신문이 된다.

1975년 거리행진

1975~7년 아우또노미아에 근거한 사회, 정치, 문화 운동이 전개됨. 대도시들에서 청년 프롤레타리아 운동 출현. <계속 투쟁>은 해체된다.

알도 모로 수상 납치

1978년 3월 16일 기독민주당의 핵심인 알도 모로 수상 납치. 이 날은 공산당과 기독민주당의 지지를 동시에 받는 정부가 출범하는 날이었다. 수상 뒤에 <붉은 여단>의 깃발이 보인다.

체포된 네그리
1979년 4월 7일 <노동자의 자율>과 <붉은 여단>의 수괴라는 조작된 혐의로 밀라노에서 체포. 이 때 30명의 동지들이 한꺼번에 체포되었다.

법정에서의 네그리
1979~1981년 사이 네그리는 파도바, 레빕비아, 풋쏨브로네, 팔미, 트라니, 로마 특별감옥으로 계속 이감된다. 1981년 2월 알도 모로 납치 살해 혐의 증거 불충분으로 네그리 재판은 연기된다. 재판은 이후 계속 연기된다.

<방리유-되기> 세미나
2006년 10월 2일 빠리 쥐시외(Jussieu) 대학에서 열린 <방리유-되기>("Devenir Banlieue") 세미나에 참석했다.

네그리와 하트
두 사람은 공동작업으로 『디오니소스의 노동』(1994), 『제국』(2000), 『다중』(2004)을 출간하였다.

다중인가 노동계급인가
2003년 11월 유럽사회포럼에서 <다중인가 노동계급인가>라는 주제로 알렉스 캘리니코스와 벌인 토론회. 1,000여명이 몰려들어 음악 콘서트를 방불케 했다.

차례

3장 코뮤니즘의 구성

정치적 실천의 구성적 존재론을 향하여

정남영

이 책은 마이클 하트의 박사학위 논문 『조직화의 예술』*The Art of Organization* 중에서 네그리 사상의 진화를 다루는 후반부(4장, 5장, 6장)를 옮긴 것이다.[1] 이 논문의 주된 내용은, 헤겔주의에 의해 지배되어온 철학적·정치적 사유를 헤겔주의의 지배로부터 해방시키고 그 새로운 지반 혹은 지형을 구축하

---

1. 전반부는 *Gilles Deleuze : An Apprenticeship in Philosophy* (1993)라는 이름으로 (아마도 좀 더 다듬어진 형태로) 영어본으로 출간되었다. 이것의 한국어본은 『들뢰즈의 철학사상』(이성민·서창현 옮김, 갈무리, 1996)으로 출간되었으며, 들뢰즈의 『안티오이디푸스』와 『천 개의 고원』에 대한 하트의 독해노트가 번역·추가되어 『들뢰즈 사상의 진화』(김상운·양창렬 옮김, 갈무리, 2004)로 재출간되었다.

는 데 가장 큰 성과를 올린 질 들뢰즈Gilles Deleuze와 안또니오 네그리Antonio Negri의 초기 작업을 살펴보는 것이다. 물론 우리에게는 이 작업이 들뢰즈와 네그리의 후기 작업과의 연관 속에서 받아들여져야겠지만, 1990년의 시점에서 나온 하트의 이 논문은 헤겔의 변증법 혹은 더 정확하게 말하자면 변증법적 부정 개념의 극복을 가장 핵심적인 문제의식으로 하고 있다. 그런데 이러한 문제의식을 우리가 공유하기 위해서는 한때 변화를 설명하는 데 있어서 탁월하다고 생각되어 혁명적 사상에 감초처럼 따라붙었던 '변증법'이 어떻게 문제가 되는지를 이해할 필요가 있을 것이다.

주지하다시피 헤겔에서 변증법적 변화를 나타내는 '지양Aufhebung이라는 개념은 부정, 보존, 승화라는 세 요소를 종합하고 있다. 바꾸어 말하자면, 부정은 반드시 기존의 것의 보존을 동반한다. 하트는 헤겔 변증법의 이러한 측면을 'recuperation'이라는 개념으로 나타낸다.[2] 변증법적 변화의

---

2. 'recuperation'은 일반적인 사전을 보면 그 의미가 '회복, 만회'라고 나와 있지만, 여기서는 '재구성'이라고 옮겼다. 번역어를 고민하던 중에 들뢰즈와 가따리 (Félix Guattari)의 (탈영토화된 것들의) '재영토화'라는 용어와 이 책에 나오는 '자본의 재구조화'라는 용어에서 아이디어를 얻었다. 네그리 사상의 진화를 집중적으로 다루는 이 책에서는 생산적이고 창조적인 힘들이 탈영토화되어 새로운 '공재의 평면'(a plane of consistency)을 이루는 것을 '구성'(constitution)이라는 개념으로 포착한다. 그런데 자본과 국가가 이 힘들을 자신의 지형으로 끌어들여 자본과 국가의 관계라는 새로운 틀로 재구조화하는 것이 'recuperation'이므로 '재구성'이라고 옮긴 것이다. 물론 '구성'이 '영토화'에 상응하는 것은 아니

이러한 성격은 사회를 변화시키려는 모든 노력들을 자본과 국가의 틀 안에 가두어 놓는 역할을 해왔다. 변증법에 따르면 자본과 국가는 끊임없이 보존되고 부활할 것이기 때문이다. 따라서 헤겔과의 단절이 새로운 철학적 사유를 위해서나 새로운 정치적 사유를 위해서나 시급한 과제로 대두되게 되는 것이다.

하트는 반反헤겔주의의 기획에 두 개의 길이 있다고 본다. 하나는 니체적 헤겔 비판이고 다른 하나는 맑스주의적 헤겔 비판이다. 들뢰즈는 초기 작업에서 베르그손과 니체의 해석을 통하여 변증법에 대한 철학적 비판을 수행했다는 점에서 전자의 길을 갔고, 네그리는 맑스와 레닌을 읽음으로써 헤겔주의에 대한 적절한 정치적 비판을 발전시켰다는 점에서 후자의 길을 갔다. 그러나 여기서 그 차이보다도 중요한 것은 양자 사이에 존재하는 공통점이다. 우선 양자는 헤겔주의의 마법적인 재구성 능력 — 헤겔을 비판한다는 이론가들을 결국 헤겔주의의 품안으로 빨아들이고 마는 능력 — 에 휘말리지 않고 헤겔주의로부터 스스로를 분리하여 사유의 대안적인 지형을 구축하는 데서 가장 멀리 나아간 논자들이다. (바로

다. 구성에 상응하는 것은 '탈영토화'이다. 하트의 논의가 진행되면서 분명해지지만, 프롤레타리아의 존재론은 사회적 실천을 통한 존재의 구성의 연속으로 이루어지며, 이에 반해서 자본과 국가의 질서는 재구성의 연속을 통하여 유지된다. 자세한 논의는 해당 부분에서의 하트의 논의를 참조하라.

그렇기 때문에 하트는 논의의 적절한 대상으로 이 둘을 택한 것이다.) 더 나아가 양자는 부정negation에 대한 비非변증법적 파악과 구성적 실천이론(사회적 실천이 새로운 존재를 구성한다고 보는 생각)을 공유하고 있으며, 이런 점에서 그 직접적 관심사의 차이에도 불구하고 그들의 작업을 공통적 기획의 보완적 시도들로서 서로 연결할 수 있다. 그리고 바로 이 비변증법적 부정과 실천이 철학적·정치적 사유의 새로운 지형의 구축의 핵심을 이루게 되는 것이다.

비변증법적으로 파악된 부정[3]은 그들의 사유가 헤겔의 사유와 갈라지는 핵심적인 지점을 이룬다. '부정의 부정'이라는, 헤겔의 철학을 대표하는 어구에서 보듯이 헤겔주의에서 부정 개념이 핵심적인 위치를 차지하는데, 들뢰즈와 네그리는 같은 단어 — '부정' — 에 헤겔주의와는 근본적으로 다른 개념을 부여하고 있기 때문이다. 비변증법적으로 파악된 부정은 기존의 것을 보존하는 '종합'synthesis이라는 계기를 동반하지 않는다. 그저 모든 것을 총체적으로 없애고 새로운 존재의 구성을 위한 빈 터를 마련할 뿐이다. 하트는 베이컨 Francis Bacon에게서 온 두 요소 — '파괴적 계기'pars destruens 와 '구성적 계기'pars construens — 로 비변증법적 부정의 과정을 설명

---

3. 하트는 이를 '절대적 부정'이라고도 부르고 '근본적 부정' 혹은 '총체적 부정'이라고도 부른다.

한다. 변증법적 부정은 지양되는 것을 보존하고 유지하기 때문에 항상 부활의 기적을 지향한다. 이에 반해서 비변증법적 부정은 아무것도 보존하지 않는다는 점에서 단순하고 절대적이다.

그런데 여기서 우리가 주목할 것은 이 비변증법적 부정 개념은 물리적 파괴의 기술이 발달한 현대 사회에 와서 '끔찍하게' 구체적이 되었다는 점에서 (이와 동시에 변증법적 부정에서 보는 '마법적 부활'은 미신이 되었다고 하트는 말한다) 철저하게 역사적인 개념이라는 사실이다.[4] 예컨대 핵무기와 같은 거대한 파괴의 무기는 이전 시대에는 존재하지 않았는데, 그것이 존재하게 되면서 보존이 없는 총체적인 부정이 우리의 현실로서 다가오게 되었다. 비변증법적 부정이란 이러한 현실에 대한 냉철한 인식의 결과이다. 따라서 하트는 그것이 "니힐리즘의 증진"이 아니라 "단지 우리의 세계의 한 요소에 대한 인식"이라고 말한다.

변증법적 부정 개념과 비변증법적 부정 개념의 차이는 하트가 논문의 맨 마지막에 거론한 사례를 들어 설명할 수 있다. 1937년에 18대의 독일 비행기의 폭격을 받아 사상 유례가 없는 규모의 참사를 겪은 스페인의 작은 마을 게르니카

---

4. 물론 여기서의 역사는 자본과 국가의 관점에서 사건들의 진행을 서술한 것으로서의 '역사'와는 전혀 다른 차원의 것이다.

Guernica는 하트가 보기에 "우리의 세계의 한 요소"로서의 총체적 부정의 사례이다. 이런 어처구니없는 참사가 가능한 것이 바로 현대 세계인 것이다. 그런데 이것을 권력의 입장에서 보았을 때에는 죽음의 위협을 가하여 기존 질서를 보존한다는 점에서 헤겔적 의미의 부정(의 부정)이 된다. 모든 반란과 봉기에 대하여 권력이 취하는 태도는 바로 이것이다. 이렇듯 두 부정 개념은 화해할 수 없는 정치적 입장의 대립을 내포하고 있는 것이다.

앞에서 말했듯이 현대 세계에 와서 본격적으로 사유 가능해진 비변증법적 부정을 니힐리즘의 덫으로 몰고 가는 것이 반反헤겔주의의 기획은 아니다. 하트는 부정의 철저성(총체성)은 들뢰즈와 네그리로 하여금 존재의 성격의 문제를 되돌아보게 한다고 본다. 총체적인 파괴가 일어난 후에 '무엇이 실재를 가능하게 하는가' 하는 물음을 묻게 된다는 것이다. 여기서 들뢰즈와 네그리 모두 사회적 실천이 새로운 존재를 구성한다는 생각으로 나아가게 된다.[5] 말하자면, 사회적 실천에 관한 이론이 존재론의 수준으로 끌어올려지게 되는 것이다. 그리하여 이제 존재는 플라톤에게서처럼 저 초월

---

5. 이러한 구성의 계기와의 결합이 들뢰즈나 네그리의 사상을 예컨대 홀러웨이(John Holloway) 같은 사람의 부정의 철학과 구분하는 지점이 될 것이다. 홀러웨이의 논의는 『권력으로 세상을 바꿀 수 있는가』(갈무리, 2002)를 참조하라.

적인 공간 어디에 있는 것도 아니고, 하이데거에게서처럼 그 토대가 심층에 숨겨진 것도 아니며, 오로지 사회적 실천에 의해서 계속적으로 구성되는 것으로서, 'n번째 자연'으로서 나타나게 된다. 하트는 이렇듯 "유물론화되고 역사화된 존재"는 당대의 상상력의 한계에 의해서 그 경계가 정해진다고 한다. 이렇게 볼 때 상상력의 전진이 곧 존재의 혁신이 된다.[6]

존재론적 수준(철학적 사변의 수준)에서 시작하여 점차적으로 사회정치적 영역으로 움직여나간 들뢰즈와 달리 네그리는 변증법에 대한 정치적 비판(조직화의 실천적·전략적 문제들)에서 시작하여 존재론적 일반성의 차원에서 문제를 제기해야 할 필요를 점차 인식하게 된다.[7] 그런데 들뢰즈가 멈춘 곳에서 네그리가 그 과제를 이어받아 완료해나가는 측면도 있다. 들뢰즈의 사회적 실천의 이론을 정치적 실천을

---

6. 『혁명의 시간』에서 네그리는 이렇게 말한다. "스피노자는 우리에게 상상력에 관해서 말한 바 있다. 그에게서 상상력은, 망설이는 가운데 지식의 형식들을 연결하고 하나의 형식에서 다른 형식으로 이행하게 하는 지식의 힘으로서 기능한다. 결과적으로 스피노자에게 있어서 상상력이란 존재의 층들을 재구성하는 존재론적 기능을 갖는다. 이런 식으로 상상력은 사랑에 다름 아닌 바의 지식의 절대적 행동을 낳는 윤리적 삶의 전개를 물질의 내부로부터 선취한다. 칸트에서 하이데거로 이르는 근대 철학은 초라하게도 이보다 후퇴하여, 존재론적 상상력을 초월적 상상력으로 즉 존재구축의 시간적 흔적들을 표시하는 도식으로 번역하려 하였다."(『혁명의 시간, 갈무리, 2004, 50~51쪽).

7. 『혁명의 시간』 같은 저작은 바로 이러한 과정의 연속선 위에 놓여있다고 할 수 있다.

통한 구성의 이론으로 확대하는 것이다. 이 과정에서 많은 중요한 논점들이 다루어진다. 이것들 중에서 네그리에게 그동안 가해진 몇몇 비판들을 감안했을 때 중요하다고 생각될 수 있는 몇 개의 논점들은 다음과 같다.

첫째, 네그리는 레닌의 독해를 통해 노동자 주체성을 발견하는 데로, 노동자 주체성을 자본의 변증법에 갇힌 상태로부터 분리할 수 있게 되는 데로 진화하는 것으로 제시된다. 이는 레닌주의를 기본적으로 객관주의로 보는 태도와 대조된다. 전형적인 레닌주의적 입장에서 네그리에게 종종 가해지는 '주의주의자' 혹은 '주관주의자'라는 비판은 이제 어떤 것이 진정으로 레닌을 계승하는 것인가라는 물음으로 전환되어야 한다. 이에 덧붙여, 네그리가 이런 식으로 독해한 레닌이 뜻밖에도 니체와 친화성을 가진 것으로 제시되는 것이 하트의 논의에서 흥미로운 지점들 중 하나이다(2장 6절 다음의 논평 참조).[8]

둘째, 네그리는 새로운 맑스의 발견 —『정치경제학 비판 요강』의 발견 — 을 통해 주체성의 두 번째 계기를 획득하는 데로 나아가는 것으로 제시된다. 이 새로운 맑스는 '맑스를

---

8. 들뢰즈와 가따리도『천 개의 고원』4장에서 레닌을 그 전위주의나 중앙집중주의적 측면보다는 비신체적 변형을 통한 새로운 존재의 구성의 측면에서 주목한 바 있다.

넘어선 맑스'라고 부르기도 하는데, 이는 "맑스 자신이 성취한 분석의 한계들을 넘어 연장되는 맑스 자신의 지형"이다(3장 4절). 이에 관해서 네그리의 사상이 맑스주의냐 아니냐가 논의의 중심이 되는 것은 생산적이지 못하다. 맑스주의라고 주장되는 사상들이 과연 맑스를 창조적으로 계승하고 있는지 아닌지는 '우리는 맑스주의자다'라는 주장만으로는 알 수가 없기 때문이다. 오히려 '과연 맑스를 어떻게 읽는 것이 현재의 우리의 실천에 가장 도움이 되는가'라는 식으로 문제가 제기되는 것이 좋을 것이다.

셋째, 네그리 사상의 진화의 핵심에 있는 주체성의 관점은 '주체'라는 말이 들어가 있다고 해서 주체주의 혹은 주관주의가 되는 것은 아니다. 네그리는 자신의 사상을 발전시키는 과정에서 '객관주의'와 '주체주의'(혹은 '주의주의') 양자를 모두 비판한다. 전자는 자본의 논리 혹은 변증법에 갇힌 상태에서 벗어나지 못하는 것이라서 애초에 비판을 받으며, 후자는 그 반대 극단에서 전위성 혹은 대중으로부터의 분리성으로 인해서 비판받게 된다. 네그리가 말하는 주체성은 파괴와 구성의 계기로 이루어진 존재론적 차원에 놓여있는 것이기 때문에 주체와 객체를 분리하는 사고와는 아무런 관계가 없다.

넷째, 네그리는 이론의 구체적 발전을 철저하게 계급투

쟁의 발전과 연관된 것으로 파악한다. 그래서 우리가 '맑스 너머'로 갈 수 있는 이유를 계급투쟁의 현대적 발전에 기인한 것으로 본다. 또한 반대로 맑스 당대에 계급투쟁의 발전이 낮았던 까닭에 『정치경제학 비판 요강』과 같은 저작은 구체적으로 완성되었다기보다는 "역사적 과정에 대한 예견"의 성격을 띠게 되는 것으로 본다. 이는 우리가 『정치경제학 비판 요강』과 같은 작품을 과연 어떻게 읽어야 할 것인가의 문제와도 연관된다. 예컨대 주체(성)에 관한 다음의 대목은 과연 맑스가 그저 지나가면서 한 의미없는 말로 간주해야 하는 것일까 아니면 계급투쟁의 발전을 기다리는 맑스의 탁월한 예견적 통찰로 보아야 하는 것일까? 이에 대해서는 독자들 스스로 판단하기 바란다. 판단이란 스스로 하는 것이지 강요될 수 없는 것이기 때문이다.[9]

부르주아 경제체제가 점진적으로 발전해왔듯이, 그 궁극적 결과인 이 체계의 부정도 그렇다. 여기서도 관계되는 것은 직접적 생산과정이다. 만일 우리가 부르주아 사회를 길게 그리고 전체적으로 본다면 사회적 생산과정의 최종적 결과로서 나타나는 것은 항상 사회 자체 즉 사회적 관계들을 맺고 있는 인간 자체이다. 생산물 등등처럼 견고한 형태를 띠고 있

---

9. 상당히 많은 한국의 자칭 '맑스주의자들'이 이 대목을 큰 의미가 없는 것으로 간주한다는 것이 논의의 석상에서 수차례 확인된 바 있다.

는 모든 것은 단순히 한 계기로서, 이 운동 내에서 생겼다 곧 사라지는 순간으로서 나타난다. 직접적인 생산과정 자체도 여기서는 단지 한 계기로서 나타난다. 그 과정의 조건들과 대상화들 자체도 마찬가지로 계기들이다. 주체로서 나타나는 것은 오직 개인들이다. 물론 서로 관계를 맺고 있는 개인들이다. 이 주체들은 새로 생산되는 것만큼이나 재생산되기도 한다. <이 주체들이 그들이 창출하는 부의 세계를 갱신하는 정도로 자신들을 갱신하는 연속적 운동과정>.[10]

네그리의 사상은 이 책에서 다루고 있는 시기 이후에 하트의 도움을 얻으면서 제국론과 다중론으로 발전해나간다. 사실 네그리가 세계적으로 큰 관심을 받기 시작한 것은 『제국』*Empire, 2000*이 나오고 난 다음으로 보아야 할 텐데, 네그리에게 호감을 가진 독자이든 비판적인 독자이든 많은 이들이 네그리의 초기의 사상적 진화에 대한 이해가 충분하지 못한 채로 그의 성숙기의 사상을 접했던 것 같다. 이제 이 책에 제시된 하트의 논의는 이러한 독자들에게 적지 않은 도움을 줄 수 있을 것으로 기대된다.

---

10. Karl Marx, *Grundrisse: Foundations of Critique of Political Economy* (Rough Draught), Trans. by Martin Nicolaus (Harmondsworth: Penguin Books, 1993), p. 712.

1장

폭풍 전야: 비판적 맑스주의
(1964~1968)

1. 오페라이스모와 비판의 주체
2. 비판적 기획의 분열된 인격
3. 자유주의의 종말: 국가와 자본
4. 케인즈적 국가와 계획된 평형
5. 노동과 헌법: 법형식주의의 변형
6. 노동권이론과 자본의 사회주의
7. 자본주의적 발전의 변증법
8. 자본의 기획에 내재된 긴장

1장

폭풍 전야 : 비판적 맑스주의

(1964~1968)

안또니오 네그리의 사상을 연구하기에 앞서, 우리는 그것을 몇몇 상이한 맥락들, 즉 사회이론, 비판적 맑스주의critical Marxism 그리고 1960년대 초에 시작된 이딸리아의 이론운동인 오페라이스모Operaismo 혹은 노동자주의의 맥락 안에 놓고 볼 필요가 있다.[1] 이 시기에 대한 우리의 주된 관심이 네그

---

1. 1960년대 이딸리아의 맑스주의적 연구들은 몇몇의 길 발전된 맑스주의 전통들로 이루어진 풍부한 이론적 장을 구성하였다. 그러나 아직까지 이 시기의 지성사를 제대로 다루는 연구는 등장하지 않았다. 우리는 가장 영향력있는 경향들을 1) 주로 이딸리아 공산당(Partito Comunista Italiano, PCI)의 이론적 맥락에서 팔미로 똘리앗띠(Palmiro Togliatti)에 의해, 그리고 자유주의적이며 기독교 민주주의적인 형태로 노르베르또 보비오(Norberto Bobbio)에 의해 수행된 그람시적 전통 2) 프레드릭 재므슨(Frederick Jameson)과 폴 피콘(Paul Piccone)과 같은 영미신좌파적 요소와 유사한 루초 콜렛띠(Lucio Colletti)를 중심으로 하는

리의 이론적 기여의 독창성에 집중되어 있는 것은 아니다. 분명 독창적이고 설득력있는 분석이 여기에 있기는 하다. 그러나 만약 네그리의 작업이 1968년에 종결되었다면 여기서 그것은 더 이상 우리의 관심을 끌지 못할 것이다. 그 대신 우리가 이 시기에 갖는 주된 관심은 그것이 확립하는 토대와 그것이 제기하는 긴장들 때문이다. 이러한 긴장들이, 그 이후의 시기들에서 보이는 네그리의 이론적 발전의 동력이라는 점이 입증될 것이다. 더 넓게 보면, 우리는 네그리의 사상이 오페라이스모에 속하고, 오페라이스모는 다시 비판적 맑스주의에 속한다고 말할 수 있다. 그러나 모든 수준에서 이 연관은 어떤 긴장 혹은 논리적 충돌을 드러낸다. 이러한 내적 긴장이 증가할수록 비판의 노력 자체가 더욱 문제적이 되며 유지하기 어려워진다. 따라서 이 시기에 대한 우리의 해석 전략은, 이러한 노력에 내재하는 긴장에 민감한 채, 비판 전통의 접근법에의 참여를 인식하는 것을 포함한다.

헤겔적 맑스주의, 3) 델라 볼페(G. Della Volpe)를 중심으로 하는 보수적인 반헤겔적 맑스주의로 볼 수 있다. 오페라이스모는 이러한 맥락으로부터 성장해 나왔다. 운동의 토대는 하나의 사상가를 중심으로 하기보다는 영향력있는 잡지인 『붉은 노트』(*Quaderni rossi*)의 이론적 경험에 중심을 둔다. 라니에로 판지에리(Raniero Panzieri), 로마노 알꾸아띠(Romano Alquati), 마리오 트론띠(Mario Tronti), 안또니오 네그리(Antonio Negri) 그리고 알베르또 아소르 로자(Alberto Asor Rosa)가 『붉은 노트』의 주요 인물에 속한다. 나는 오페라이스모라는 말을 『붉은 노트』의 경험으로부터 성장한 운동을 지칭하는 데 사용할 것이며, 그 그룹의 구성원들 사이의 중요한 차이들을 설명하지는 않을 것이다.

1. 오페라이스모와 비판의 주체

오페라이스모는 비판적 맑스주의 입장들에 공통된 기본적 이론틀을 공유한다. 분명 다양한 경향들— 부다페스트학파, 프랑크푸르트학파, 영미신좌파, 프랑스구조주의자들 등— 사이에 중요한 차이가 존재한다. 그러나 이 모든 경향들은 공통된 출발점으로부터 발전하였다. 그렇다면 이 지평의 윤곽을 그리기 위해 비록 극히 환원적일지라도 일반적인 틀을 세우는 것이 유용할 것이다. 비판적 맑스주의는 헤겔적 사회이론전통에서 일어난 발전 혹은 변형으로서 자리매김하는 것이 가장 좋을 것이다.[cf. Marcuse, *Reason and Revolution* 251쪽 이하 이곳저곳] 비판적 맑스주의를 다른 형태의 사회이론 혹은 비판이론과 구별시켜주는 것은 비판의 대상이 자본주의 사회로 명시되어 있다는 점뿐만 아니라, 더 중요하게는 어떤 의미에서 노동계급이 비판적 노력의 입지점을 구성하기 때문이다. (실제로 존재하는 노동계급과 다소간 연관된 이 "노동계급 입지점"은, 다양한 비판적 맑스주의의 접근법들에서 몇 가지 상이한 형태를 띤다. 예를 들어 우리는 노동과 소외에 비판적으로 초점을 맞추는 것에서 혹은 의식과 정치경제학에 대한 현상학적 분석에서 이를 인식할 수 있다. 우리는 나중에 입지점에 대한 물음으로 다시 돌아올 것이다.) 이제 한편으로 비판적 맑스주의가 그 입지점에 의해 비판이론의 다른 형태들과 구별된다면, 다른 한편으로 그것은 또한 발전에 대한 이해에 의해, 기획에의 접근방식에 의해 맑스주의의 다른 형태들과 구별된다. 비판적 맑스주의의 작업은 현상태의 부정을 통해 가능성 ― 새로운 사회적 배치를 발전시키는 자유 ― 을 창조한다는 점에서 스스로를 진보적이라고 여긴다. 사실 많은 사람들은, 이것이 진보적인 주장이라면 그 어떤 것에든 필요한 접근법이라고 주장할 것이다.[cf., 예를 들어, *Reason and Revolution* vii ~ xiv] 비판적 맑스주의의 접근법을 따르면 기획은 비판에 종속된다. 바꾸어 말하자면, 프롤레타리아의 힘의 적극적인 제시는 자본주의 사회의 부정 이후에 그 결과로서만 생겨난다. 진보는 필연적으로 변증법적이다. 따라서 우리는, 노동계급 입지점에 기초하여 자본을 비판할 뿐만 아니라 적극적인 프롤레타리아적 기획이라면 비판의 부정 운동을 통해 생겨야 한다고 주장하기도 하는 이론적 노력들을 지칭하는데 '비판적 맑스주의'를 사용한다. 그렇다면 비판적 맑스주의가 제시하는 순서 전체는 ― 가장 도식적인 형태로 제시하자면 ― '입지점 → 비판 → 기획'이다. 우리가 여기서 제시하였듯이, 비판적 맑스주의의 목표는 자본비판을 거쳐서 프롤레타리아적 토대를 긍정하는 데 다시금 도달하는 것이다.

오페라이스모는 이러한 비판적 접근법이 제공한 가장 강력한 요소들 몇몇을 이용한다. 자본에 대한 노동계급의 역설적 입장이 비판의 주요한 강점 중 하나이다. 노동계급은 처음에는 자본 안에 있는 힘으로 인식되어야 한다. 임금노동자는 자본에 의해 자본의 역동적 심부에서 물질적 생산의 원천으로서 창출된다. 생산력은 노동자에게 있지만 이는 오직 그가 자본주의적 관계 안에 위치할 때에만 그러하다. 이것은 개별노동자뿐만 아니라 계급 전체에도 해당된다. "또한 조직화된 계급운동이 — 그 역사적 형태로, 노동조합으로, 당으로 — 생겨날 때마다 그것은 자본의 발전 안에서, 정치·경제적 제도의 발전 안에서 생겨난다. 그 어떤 것도 여기에서 말고는 생겨날 수 없다."[*La forma Stato* 33~4] 그러나 노동계급은 비록 자본 안에 있더라도 자본에 대항하는 타자로서, 자본과 모순되는 것으로서 살고 있다. 노동계급의 생산물이 자본에 의해 착취될수록, 노동계급의 노동이 소외될수록, 노동계급은 객관적으로 자본의 반대편에 자리한다. 자본주의적 생산의 조건들이 바로 자본주의적 착취의 조건들이며 따라서 이 조건들은 대립의 토대인 것이다. 안에서within 그리고 대항하여against — 이는 노동계급과 자본의 관계를 특징짓는 역설이며 맑스주의적 비판의 기초를 구성하는 역설이다. 노동계급 입지점은 자본비판의 토대로서 복합적으로 작용한다.

노동계급이 자본으로부터 독립적인 한 노동계급은 그 대상으로부터 비판적 거리를 유지하는 물질적 입지점을 제공하지만, 동시에 노동계급이 자본 안에 있는 한 노동계급 입지점은 내재적 비판의 토대를 제공한다. "자본에 대항하는 투쟁에서 노동계급은 자신의 자본으로서의 지위에 대항하여 투쟁하게 마련이다."[Tronti 260] 이 역설적 관점은 오페라이스모에게 내재적이고 총체적인 자본비판을 수행할 능력을 제공한다.

지금까지 우리는 노동계급과 그 입지점을 정태적으로 혹은 공시적共時的으로 자본 안에서의 모순으로 제시하였지만, 그 모순은 또한 자본주의적 발전에 대한 비판으로서 통시적通時的으로 인식될 필요가 있다. 이러한 통시적 시각은 노동계급의 실제적 힘을 자본과의 관계에서 더 분명하고 구체적으로 만들 것이다. 임금노동자들은 역사적 동학의 일부로서 자본에 의해 창조되고 재창조되며, 노동자들의 노동력은 지속적으로 자본을 창조한다. 따라서 노동계급은 통시적 차원에서 자본과 상호인과적 동학으로 연결되어 있다는 의미에서 자본 안에 있다. 그러나 이러한 관계는 태생적 적대에 의해 추동된다. 이 점에서 1848년 6월은 근본적 계기가 된다. 노동계급이 역사 안에서 스스로를 자본주의적 생산관계에 대항하여 조직된 독립적인 사회적 힘으로서 드러냈던 것이다.

노동계급의 이러한 외부성과 적대에 대응하여 자본주의적 발전의 동학이 변증법의 형태로 구성된다. 첫 번째 계기에서 자본주의 생산관계의 구조는 노동계급의 실존조건을 제시한다. 그러나 같은 조건이 자본에 대한 노동자들의 적대와 그 관계 자체의 거부를 야기한다. 두 번째 계기에서는 노동계급이 스스로를 자본의 외부라고 독자적으로 표현함에 따라, 노동계급은 자본주의적 통제관계를 해체한다. 결과적으로 마지막 계기에서 자본은 자신의 통제를 재주장하기 위해 (그리고 변증법적 지양Aufhebung을 통해 노동계급을 자신 안에 재통합하고 재구성하기 위해) 결국 생산관계를 재구조화해야만 한다. 따라서 자본주의적 발전의 범위는 '자본주의적 구조화 → 프롤레타리아의 적대 → 자본주의적 재구조화'라는 변증법적 진행의 탄력성 안에서 노동계급의 적대를 포함하고 통제하는 데 달려있다. 여기서 변증법이 부정적인 것의 힘에 의해 추동된다는 점을 인식하는 것이 필요하다. 바꾸어 말하자면, 어떤 의미에서 관계의 시초적 구축이 자본에 의해서 성취되게 마련임에도 불구하고 일단 그 관계가 확립되면 노동계급이 발전을 자극하는 역할을 떠맡고 자본주의적 혁신을 추진하는 창조력이 된다. 그러므로 우리는 사회적 관계를, 자본이 자신의 의지를 부과하고 그 다음에 노동계급이 그것에 응답하는 식에 기초한 것으로 파악해서는 안된다. 일단 노동계급이 독립된 힘으로 출현한 다음에는 프롤레타리아가 행동하고 자본이 그에 반작용하는 식으로 동학을 파악해야 한다. 자본은 오직 노동계급의 적대에 의해 발전과 혁신을 향하도록 자극받는 보수적 힘으로 나타난다. "사회적으로 발전된 자본의 수준에서 자본주의적 발전은 노동자들의 투쟁에 종속되며, 투쟁 이후에 그리고 투쟁이 진행되는 가운데 고유한 생산의 정치적 메커니즘이 투쟁에 상응하도록 만들게 된다."[Tronti 89] 일단 자본이 관계를 성공적으로 성숙한 형태로 (즉, 전사회적 수준에서) 구축하면, 투쟁의 전도顚倒가 일어나면 노동계급이 역동적 역할을 맡게 된다. 우리는 이것을 "선도적 역할" 테제라고 부를 수 있다. 성숙한 자본주의 사회에서 발전을 추동하는 동력을 구성하는 것은 자본의 기업가적 정신이 아니라, 노동계급에 의해 제기되는 적대, 자본주의 생산관계에 대한 노동자주의적 거부인 것이다. "노동계급의 선도적 역할"은 미래 코뮤니즘 사회의 슬로건이 아니라, 이미 자본 자체에 있는 사실이다. 다시 한 번, 비판의 이러한 발전 형태에서 자본 안에서 자본에 대항하는 노동계급의 위치가 역설로서 드러나지만, 바로 이 역설적 입장으로 인해서 노동계급의 관점과 그것이 포함하는 적대는 자본주의적 발전을 비판적으로 읽는 가장 효과적인 분석적 열쇠가 되는 것이다.

이제 우리는 오페라이스모의 토대를 형성하는 주요한 이론적 신조들을 제시할 수 있다. 1) 방법론적 차원에서 말하자면, 노동계급의 투쟁이 자본주의적 발전의 본질적 동학을 구성하기 때문에 "선도적 역할" 테제는 우리가 이 투쟁의 시각에서 자본주의적 발전에 대해 비판하기 시작해야 한다는 것을 우리에게 말해준다. "만약 자본과 국가의 변형의 배후에 있는 이 계급적 규정요인을 포착하지 못한다면, 우리는 부르주아 이론 안에 갇힌 채 남아있을 것이다."[Negri, "Keynes" 9] 따라서 오페라이스모 이론가들은 비판을 위한 이론적 시작점을 동시대의 노동자 투쟁에 위치시키고자 하였다. 2) 이 방법론적 논점은 전술적 명제로 곧바로 이어진다. 우리는 (비판과 비판에 이어지는 기획의) 혁명적 에너지를 레닌이 제시하였듯이 자본주의 체제의 "가장 약한 고리"에 집중시켜서는 안되고 오히려 노동자 운동이라는 가장 강한 고리에 집중시켜야 한다. "가장 강한 고리" 테제는 노동자 투쟁의 우선성이라는 테제로부터, 그리고 자본주의적 발전에서의 노동자들의 선도적 역할이라는 테제로부터 직접적으로 파생된다. 자본은 파국을 맞도록 미리 운명지어져 있는 것이 아니며 결코 스스로 위기에 처하지 않을 것이다. 오직 노동자 운동의 성숙과 조직화만이 실제적이고 확연한 위기를 가져오며 자본주의적 통제의 변증법을 깨뜨리는 힘을 갖고 있다. 3) 이 테제들은 "노동거부"라는 전략적 명제를 제시한다. 다양하게 나타나는 자본주의적 생산관계들의 거부는 노동계급이 자본주의적 통제의 순환을 깨뜨릴 수 있는 중심적 수단이다. 이 "거부"는 조직된 파업, 태업, 시위, 직접적 전유, 사보타지와 같은 자본에 대항하는 직접행동을 지칭할 수 있으며 또 계획적 결근, 마약 복용 혹은 집합적 이주와 같은, 자본주의 생산관계의 조건들을 거부하는 간접행동을 지칭할 수도 있다. '노동거부'라는 용어에 담겨 있는 목적은 노동을 거부하는 노동자들의 다양한 행동들의 일반성을 포착하려는 데 있다. 노동자들은 그들의 고유한 생산력과 창조성을 거부하는 것이 아니라 자본주의적 통제의 틀 안에서 그들의 생산을 정의하는 노동관계를 거부하는 것이다.

이제 이러한 테제들이 오페라이스모가 비판적 맑스주의의 특수한 형태임을 확인시켜줄지라도, 그것들이 오페라이스모의 독특한 특성을 아직은 명시적으로 포착한 것이 아니다. 오페라이스모는 비판의 입지점과 현실적으로 실존하는 노동계급의 구성 사이에 어떠한 이원성도 존재할 수 없다는 더 나아간 신조, 그 구성원들 전부에 전반적으로 해당되는 원칙에 기초한다. 이원성의 부재는 비판이 노동계급의 구체적 실천에서 엄격하게 유물론적인 토대를 추구해야 한다는 것을 의미하며, 이는 비판과정에서 노동자들의 일상적 경험과 유리된 그 어떤 추상화와도 전투를 벌인다는 것을 의미한다. 이는 모든 이론적 담론을 직접적으로 작업현장에 위치시키려는 것이다. 이런 의미에서 오페라이스모의 맑스는 무엇보다도 1848년 6월의 빠리 프롤레타리아의 봉기와 1871년의 코뮌 형성에 열정적으로 응답했던 맑스이다. 이 맑스는 대중들의 운동을 즐겁게 연구하고 그들의 지성을 종합했던 맑스이다. 오페라이스모는 자신들이 바로 이 맑스의 계승자라고 주장했으며, 그의 정신에 따라 노동계급의 지혜와 힘을 통해 진정으로 유물론적인 비판을 실현하기 위해 비범하게 노력했던 것이다.

그렇다면 오페라이스모를 다른 형태의 비판적 맑스주의로부터 분리시키는 가장 명백한 특징은 대중들의 실천에서 강력한 주체성을 읽어내려 하면서 노동계급 입지점을 주장한다는 점이다. 그러나 주체의 문제는 오페라이스모가 비판적 접근법에서 발견한 긴장들을 두드러지게 한다. 비판적 노력에 내재하는 문제들을 극단까지, 파열의 지점까지 밀어 붙이는 것이다. 비판적 맑스주의 선동은 (특히 프랑크푸르트학파는) 우리가 자본주의 사회의 복잡한 메커니즘과 기구들을 통해서 구성된다는 점을 이해하는데 큰 기여를 했다. 그 결과로 나온 주체 이론이 풍부한 것으로 판명되기는 하였지만, 그럼에도 불구하고 우리는 이 이론이 주체를 주로 자연발생성보다는 수용성과 수동적 가소성可塑性이라는 측면에서 파악했다는 점에서 협소하다는 것을 주목해야 한다. 비판이론이 파악하는 주체는 착취되는 주체, 소외된 주체이지 힘의 주체가 아니다. 이 주체는 사회를 구성하는 주체가 아니라 주로 사회에 의해서 구성되는 주체이다. 이 주체는 능산적 자연natura naturans이 아닌 소산적 자연natura naturata이다.2 아마도 이 차이는 우리가 비판적 접근을 위해 제안한 3단 구조의

---

2. 나는 텍스트의 이 지점에서 내가 비판의 주체와 기획의 주체 사이에 지은 구별이, 혹은 더 정확하게는 착취의 대상으로서의 주체와 힘의 주체 사이에 지은 구별이 굳건한 토대를 갖고 있지 못한다는 걸 기꺼이 인정한다. 그럼에도 불구하고 우리가 주체성에 대한 뚜렷하게 구별되는 파악들 — 이들은 서로 다른 이론적 접근법들에 실질적으로 연결된다 — 을 다루고 있다는 것은 충분히 명백하다. 예를 들어, 호르크하이머(Horkheimer)와 아도르노(Adorno)의 "대중문화"에 대한 분석[The Dialectic of Enlightenment(『계몽의 변증법』), 120~67]과 (우리가 앞으로 상세하게 다룰) "대중노동자"에 대한 네그리의 주장을 생각해보자. 양자는 1920년대와 1930년대 유럽과 미국에서 시작된 사회적·산업적 생산의 대량화의 결과로 생겨난 주체성에 대한 분석들인데, 두 분석들에서 주체성이 가리키는 방향은 사뭇 다르다. 호르크하이머와 아도르노는 비판의 관점에서 사회적 주체의 수동적 가소성을 분석하고, 동질적인 전체를 구축하면서 개성을 박멸하는 자본의 점증하는 능력을 분석한다. "문화산업전체는 인간을 모든 생산물에서 틀림없이 재생산되는 유형으로서 주조해왔다."[127] 그러나 네그리의 대중노동자개념은 프롤레타리아 기획의 명제에 정향되어 있다. 네그리는 대중노동자를 직접적이고 자율적인 노동력의 자기조직화에 의해 그리고 노동조합 및 기타 수직적 형태로 자본과 매개관계를 맺는 조직들의 거부에 의해 특징지어지는 것으로 본다. 생산의 대량화에 포함된 평준화 과정 혹은 위계의 파괴는 사회적 주체에게 더 민주적인 내적 조직화를 제공했으며 노동자의 힘의 새로운 제시를 가능케 했다. 나는 이러한 두 가지 형태의 주체 파악이 필연적으로 대립된다고 주장하지는 않을 것이다. 실제로 많은 측면에서 양자는 보완적이다. 나는 단지 비판의 수용적 주체와 기획의 자연발생적 주체에 상이한 접근법이 각인되어 있다는 것을 지적하고자 한다.

관점에서 가장 분명할 것이다. 비판 과정의 첫 번째 계기인 노동계급 입지점에 대한 긍정이 그들의 욕구와 욕망 그리고 실천이 복합된 능동적이며 자연발생적인 주체성을 드러낸다면, 비판의 두 번째 계기인 자본에 대한 비판은 시각을 전도시켜 자본주의 사회를 생산하는 주체를 드러낸다. 마지막으로 세 번째 계기인 프롤레타리아의 기획은 (만일 그것이 실현된다면) 첫째 계기의 자연발생적 주체성을 다시 가리키되, 이번에는 프롤레타리아의 힘으로 창조되는 새로운 사회를 제안하면서 더 일관된 형태로 그렇게 한다. 물론 이 도식은 매우 환원적이지만 주안점은 단지, 우리의 모델을 구성하는 상이한 계기들에는 주체에 대한 두 가지 파악이 함축되어 있다는 데 있다. 이 두 주체 사이의 긴장이 비판적 기획의 심부에 있는 불균형을 부각시킨다. 오페라이스모는 비판 작업의 전체에 걸쳐서 현실적으로 존재하는 노동계급 입지점을 추구할 것을 주장하면서, 아마도 가장 분명하게 두 주체 사이의 긴장을 드러내는 것이다.

그러나 여기서 우리는 단지 비판적 맑스주의의 윤곽과 오페라이스모의 비판 작업에 담긴 근본적 명제들을 가장 일반적인 형태로 제시했을 뿐이다. 이제 우리는 문제의 심부에 들어가 특수한 주장들의 복잡한 모습을 살펴보고 그것들의 분석적, 실천적 타당성을 검토해야 할 필요가 있다. 논의

의 편의를 위해서 잠시 이 제시된 전제들을 가설로 간주하
기로 하자. 이 가설들을 우리는 나중에 문제로 삼고 입증할
것이다.

2. 비판적 기획의 분열된 인격

안또니오 네그리는 오페라이스모에 참여한 중심인물의 하나
로 등장했고 많은 면에서 그의 1960년대 초반의 작업은 오
페라이스모운동 전체의 전형이었다. 많은 시간이 지난 후 네
그리가 정치범으로 기소되어 감옥에 있을 때, 몇몇 판사들과
기자들이 이 시기의 그의 삶을 연구했고, 이 시기가 그의 이
후의 발전에 중심적 역할을 했다는 것을 확인했다. 이들은
네그리에게 대단히 적대적이었으며 그들의 분석이 부정확한
정보와 근거 없는 전제 그리고 유죄판결을 이루어내려는 확
고한 열의로 훼손되었기는 하지만, 이러한 그들의 의도에도
불구하고 우리는 목적을 변형시킴으로써 이 연구에서 매우
시사적인 인식들을 발견할 수 있다.[3] 가장 두드러진 것은 이

---

3. 나는 여기에서 주로 기자 조르조 봇까(Giorgio Bocca)에 의해 쓰여진 『4월 7일
   의 사건 : 또니 네그리와 위대한 재판』(*Il caso 7 aprile : Toni Negri e la grande
   inquisizione*), 판사 조반니 팔롬바리니(Giovanni Palombarini)의 『4월 7일 : 과정
   과 사실』(*7 aprile : Il processo e la storia*) 그리고 칼로제로(Calogero)와 아마또
   (Amato)를 포함한 다양한 판사들에 의해 쓰이고 주세뻬 데 루티이스(Giuseppe

저자들 모두가 분석의 주된 문제를 이 시기의 네그리의 활동이 광범위하고 다양한 범위에 걸쳐있다는 데 위치시키고 있다는 점이다. 이들이 네그리의 작업의 일관된 역사를 엮어내려고 할 때, 이들은 한 사람의 삶에서는 화해시켜낼 수 없는 두 명의 상이한 인물의 존재로 인해 곤란을 겪는 것이다. 이들 각각은 희화화되고 선정적인 용어들로 "누가 진짜 네그리인가?"라는 중심적 물음을 던지게 된다. 그들은 하나의 네그리를 형식적이고도 전통적인 의미에서 지적이고도 성실한 학자이며, 매우 어린 나이에 이미 파두아Padua의 저명한 대학에서 경력을 확보하게 된 사람으로 그린다. 이 네그리는 권위있는 이딸리아의 학술적 전통을 지키면서 칸트와 헤겔로부터 딜타이와 역사학파에 이르는 독일고전철학에 대해 광범위한 연구를 수행해왔다. 이 네그리는 "지적인 도야intellectual gymnastics"와 "사상의 모험"에 매료된 순수한 지식인이다.[Bocca 64] 훌륭한 교수il buon professore인 또니 네그리.4 그렇지만 이들은 파두아 근처 뽀르또 마르게라Porto Margera의 화학제조공장 노동자들과 함께하는 투사이자 선동가인 다른 또니 네그리를 그린다. 이 또니 네그리는 아침교대 전에 공

De Lutiis)가 편집한 문서모음집 『국가에 대한 공격』(*Attacco allo Stato*)을 주로 참고한다.
4. [옮긴이] '또니'는 '안또니오'의 애칭이다.

장입구에서 정치를 논하며, 노동자들과 함께 맑스의『자본
론』에 대한 특별 공부모임을 이끌고, 소문에 의하면 각 작업
그룹의 배열을 암기하기 위해 자신의 집 벽에 몬떼디손
Montedison 공장의 거대한 지도를 걸어 놓고 노동자들과 친밀
한 인간적 유대를 발전시키는 네그리이다. 이 네그리는 투사
이며, 자본과 국가를 전복하기 위한 전략으로 사보타지를 옹
호하는 성나고 전의戰意에 찬 전복자이다. 사악한 교사il
cattivo maestro인 또니 네그리. 분명 이러한 서술은 우리에게 균
형이 맞지 않게 부풀려진 두 로맨틱한 인물을 그려주지만,
심지어 우리가 수사적인 것들을 감소시켰을 때에도 중심적
물음이 남아있다. 두 명의 또니 네그리가 있는가? 이 시기
네그리의 이론적·실천적 작업에 대해 생각하는 사람이라면
누구일지라도 대학에서의 학술적인 경력과 공장에서의 실천
적인 정치적 삶의 이중적 실존, 즉 분열된 인격과 실로 타협
을 해야 할 것이다. 판사들과 기자들은 이 분열증을 비극적
인격성(봇까의 경우) 혹은 정교하고도 사악한 사기(팔롬바리
니의 경우)로 이해한다. 지식인 네그리가 내보이는 덕스런
외양은 선동적 음모가라는 실제 삶의 가면이라는 것이다. 이
러한 서술들로 채색된 드라마와 모험, 지킬박사와 하이드 씨
의 미스테리가 흥미롭기는 하지만, 네그리의 작업을 더 적실
하게 특징짓는 것은 우리가 이 "분열된 인격"이 그에게만 특

별한 것이 아니라 오페라이스모 중심부에 일반적 현상이며 실제로 비판적 맑스주의 전全 시도에 일반적 현상이었다는 점을 인식할 때 발견된다. 그렇다면 네그리가 그의 작업의 이중적 본성으로 인해 다른 비판적 맑스주의자들로부터 구별되는 것은 아니다. 오히려 무엇보다도 그가 비판적 기획에 내재하는 미끄러짐slippage을 압박하여 그 기획을 극단적인 긴장의 상태로 몰고 간다는 점에서 그의 작업은 독창적(혹은 더 정확하게는 전형적)이다.

비판적 맑스주의의 분열된 인격은 비판의 입지점과 비판 자체의 간격으로부터 나온다. 노동계급 입지점의 발전과 표명은 노동계급의 구성과 노동자들의 실제적 문제들, 욕구, 욕망을 서술하고 이해하려는 사회학적 시도로서 주로 전개됐다. 비판적 맑스주의의 모든 사례들은 이 입지점의 정교화, 투사를 혹은 적어도 전제로 삼는 것을 포함해야 한다. 하지만 비판은 전혀 상이한 지평에서 수행된다. 마르쿠제에 의하면, 비판이론은 "기존의 사회들을 그것 자체의 기능과 역량에 비추어 분석하고 기존의 시대들을 넘어갈 수 있는, 입증 가능한 경향을 (만일 그런 것이 있다면) 밝혀내는 것으로 여겨진다."[*Liberation* 3] 이에 따라 자본주의 사회에 대한 비판은 논리적 추론과 합리적 전개에 기초하여 자본주의 사회 "자체의 기능과 역량"의 관점에서 수행될 것이었다. 비판은 자본 자체의 조건을 합리적으로 투사하여 자본주의 사회의 모순을 드러낼 것이었다. 이러한 생각에 따르면, 노동계급의 실제적 입지점과 비판의 입지점 사이에는 상당한 간격이 있다.[5] 피와 살을 가진 구체적이고도 주체적인 존재로 본 노동자들은 비판의 지평에서 완전히 사라진 것처럼 보인다. 그렇다면 노동계급 입지점이 어떤 의미에서 비판의 입지점일 수 있는가? 입지점에 대한 상이한 두 가지 파악에 직면하고 있는 비판적 맑스주의는 둘로 나뉜 토대 위에 세워져 있는 것이다. 비판의 입지점을 노동계급의 물질성에 위치시키는 것

---

5. 많은 비판적 맑스주의자들이 이 간격을 현실의 노동계급으로 벗어나서 이성 자체의 관점에 근접한 이상적인 (혹은 더 진정한) 프롤레타리아 입지점을 투사함으로써 메우고자 하였다. 이러한 방식으로 노동계급 입지점과 비판의 입지점의 격차가 대단히 축소되었다. 그러나 이러한 전략은 기획된 프롤레타리아 입지점과 현실적으로 존재하는 노동계급 입지점 사이에, 비판의 "현실적 의식"과 노동자들 자신의 "허위의식" 사이에 마찬가지로 문제적인 (그리고 내가 보기에는 정치적으로 더 위험한) 또 다른 간격을 만들어 놓는다. 이러한 전략을 가장 웅변적으로 제시하는 것은 물론 루카치(Georg Lukác)의 『역사와 계급의식』(*History and Class Consciousness*)이다. 루카치보다 덜 세련된 제시에 대해서는, 피콘의 오페라이스모 비판과 노동계급의 "외양"에 대한 그의 순박하고 무비판적인 수용을 보라. "Introduction to Tronti's 'Workers and Capital'" in *Telos*, no. 14, Winter, 1972, pp.23～4. 피콘은 노동자들이 자본 안에 있다는 것을 인정하지만, 자본에 대항한다는 것을 인정하지는 않는다. 그는 "맑스주의 세대"가 "기존의 노동계급을 전적으로 부르주아 헤게모니의 지배 아래 놓인 부르주아적 산물로 보는 정당한 평가"를 발전시켰다고 말한다. "그래서 사라져야 할 것은 바로 트론띠가 무비판적으로 포용했던 노동계급이다. …… 결국 트론띠는 여전히 문제의 일부이다."[24] 피콘의 비판 기획을 떠받치는 "실제적" 노동계급 입지점은 현실적으로 실존하는 노동계급을 제거한 이상적 차원에서만 존재할 뿐이다.

이 맑스주의적 비판을 헤겔적 사회이론 전통으로부터 구분해주는 중요한 면이며 관념론적 변증법으로부터 유물론적 변증법을 구분해주는 중요한 면이기 때문에 이 문제는 대단히 중요하다.

오페라이스모의 다른 많은 활동가들과 마찬가지로 네그리는 맑스주의적 비판을 온전한 의미로 실현시키고자 하였고, 그래서 한편으로는 노동계급의 현실적 구성을 탐구하고 다른 한편으로는 자본에 대한 비판을 수행하는 이중적 전략을 추구하게끔 되었다. 이러한 의미에서 네그리의 "분열된 인격"은 전형적인 것이다. 노동계급 입지점을 탐구하는 오페라이스모의 주요 기법은 계급구성과 노동자들의 주체성을 규정하기 위해 노동자들의 직접적인 참여로 수행된 "인키에스따 오페라이아"(노동자 설문)inchiesta operaia 혹은 "인키에스따 칼다"(뜨거운 설문)inchiesta calda였는데, 이는 노동자들의 실천과 욕구 그리고 욕망에 대한 연구를 포함했다.[6] 이 설문은 멀리 떨어진 대학에서 "냉담하게" 수행된 것이 아니라, 공장 안에서 노동자의 판짐으로 수행되었다는 점에서 "뜨거웠다." 이러한 연구들의 목적은 이딸리아 노동계급에 대한 적실한

---

6. 대표적 사례와 인키에스따 오페라이아의 기술(technique)을 논한 것으로는, 『붉은 노트』 3호(*Quaderni Rossi* volume 3)와 알꾸아띠(Romano Alquati)의 『피아트에 대해서』(*Sulla FIAT*) 참조.

이해를 안으로부터 얻어내고자 하려는 데 있었다. 그런데 네그리와 같은 지식인들에게는, 공장안으로 들어가 노동자들을 알고자 하는 노력이 대단히 중요하면서도 뚜렷하게 가시화되지는 않는 영향을 개인적으로 미쳤다. 파올라 네그리Paola Negri는 기자들 중 한 명에게 한 프로젝트를 다음과 같이 설명했다. "우리 경험의 독특성은 노동자들과의 실제적인 접촉에 있었습니다. 또니, 맛씨모 캇차리Massimo Cacciari, 그리고 다른 이들은 포르또 마르게라에서 저녁 모임을 갖고 거기서 …… 맑스에 관해서 …… 연구했습니다. 교수들은 『자본론』의 한 대목을 읽었고 노동자들은 그것을 그들의 현실적인 문제로 옮겨놓았습니다."[Bocca 62] 이 경험의 효과를 온전하게 파악하기는 어려웠다. 네그리와 같은 지식인들은 노동자들로부터 많은 것을 배울 수 있었고 이러한 실제적 접촉을 통해 노동자를 위한 정치활동이 대단히 직접적이고도 구체적이며 실천적으로 행해져야만 한다는 것을 알게 되었다. 네그리와 다른 사람들에게 아마도 더 중요한 것은, 노동자들과 연계된 프로젝트와 개인적 우정이, 노동자들의 목표에 대한 식견있는 동감만이 아니라 유토피아를 위한 강렬한 열정과 식지 않는 욕망 그리고 혁명의 가능성에 대한 견고한 확신 또한 키웠다는 점이다. 이러한 실천적 시도의 주요 결과는 극도의 긴장으로 드러났다. 실제적 정치행위를 위한 열정이 네그리의 지적 작업을 긴장시켰고 그것에 긴박감을 불어넣었다. 이 시기 네그리의 저술을 통해 우리는 그가 (대단한 성공은 없었더라도) 어떻게 자본에 대한 비판을 프롤레타리아의 실제적 프로젝트로 변형시키고자 지속적으로 시도했었는지 확인할 수 있다. 비판적 맑스주의 심부의 균열, 노동계급의 입지점과 비판의 입지점 사이의 간격은 줄어들지 않았다. 오히려 그 거리가 더욱 날카롭게 느껴질 뿐이다.

3. 자유주의의 종말 : 국가와 자본

우리는 이 시기 네그리의 지적 작업을 이해하기 위해, 실천적 차원과 노동자들과의 실제적인 접촉을 어느 정도 옆으로 제쳐놓고 보아야 한다. 네그리의 맑스주의적 자본 비판은 마르쿠제가 그래야 한다고 말했던 것처럼 실존하는 자본주의 사회를 "그것 자체의 기능과 역량에 따라" 분석하면서 이로부터 자본주의 사회를 넘어설 수 있는 경향들을 인식하고자 한다.[3] 그렇다면 비판의 첫 번째 과제는 자본의 기획을 특징짓는 일이다. 하지만 비판의 입지점의 지위가 의문시되더라도, 비판이 순전히 자본의 관점에서 수행되지는 않는다는 것을 명심해야 한다. 오페라이스모에서 비판의 이론적 토대를 제공하는 주요 신조는 노동계급을 자본 안에 그리고 동시에 자본과 관련하여 탁월한 입장에 위치시키는 것이다. 노동계급은 자본과의 관계에서 생산력이며, 자본주의적 사회혁신의 동력이다. 노동계급의 힘에 직면하여, 자본은 어떻게 노동계급의 적대를 봉쇄하고 생산관계의 통제를 영속화할 것인가? 어떻게 반동적 힘들이 우세할 수 있을 것인가? 이러한 이론적 토대의 힘이 자본주의적 노동통제라는 기획을 문제로서 제시한다.

그런데 깊은 의미에서 이러한 분석은 노동계급의 관점을 동력으로 하여 추동된다. 오페라이스모의 자본비판은 실제적인 혁명에의 열망ansia rivoluzionaria을 통해 활력을 얻는다. 이는 자본주의적 통제와 명령을 유지하는 메커니즘에 대한 정통한 지식이 사보타지를 위한 기회를 가능케 한다는 믿음으로 채워져 있다. 고도로 숙련된 기술자처럼 이론가들은, 조그만 압력, 미소한 사보타지로 기계 전체를 정상적이지 않은 상태에 놓을 수 있는 체제 내의 비판적 지점들을 알아낼 수 있었던 것이다. 다른 말로 하면 오페라이스모는 혁명적 개혁주의라는 전략에 찬동한다. 만약 투쟁이 자본주의가 회복될 수 있는 경계를 넘어서까지 추진된다면 개혁에서 혁명으로 전화될 수 있는 바의 특수한 개혁주의 투쟁을 목표로 하는 전략에 찬동하는 것이다. 그래서 이 시기 동안의 자본비판에 대한 네그리의 학술적 접근을 봇까가 시사했던 것처럼 지적인 도야를 위한 즐거운 운동으로 읽어서는 안된다. 네그리는 케인즈 혹은 켈젠을 즐거움을 위해 읽었던 것이 아니라 그들을 통해서 노동자들의 사보타지로 취약해 질 수 있는 자본주의 메커니즘의 본질적 고리들을 찾고자 했던 것이다. 우리는 이 시기의 작업들을 읽으면서 이러한 논점을 명심해야 한다.

오페라이스모의 주요 이론가들은 자본에 대한 그들의 비판을 수행하기 위해 인접하는 보완적인 연구분야들에서 작업했다. 마리오 트론띠Mario Tronti는 정치철학적 접근법을 취했다. 로마노 알꾸아띠Romano Alquati는 사회학적 탐구에 초점을 두었다. 알베르또 아소 로자Alberto Asor Rosa는 문화연구를 다루었다. 네그리의 연구는 근대 국가와 자본주의적 통제의 사법적이고 경제적인 메커니즘을 분석함으로써 문제들을 조명하려는 것이었다. 그는 1948년의 이딸리아 헌법 조문을 모든 문제들의 징후로 읽었다. "이딸리아는 노동에 토대를 둔 민주공화국이다."L'Italia è una repubblica democratica, fondata sul lavoro.["Il lavoro nella Costituzione" 28] 이 간략한 조문은 의미심장하다. 이는 경제영역에서 독립된 국가의 자유주의 정치적 헌법이 아니라 오히려 개입주의 국가의 사법적 고백이다.7 맑스주의적 분석에 따르면, 근대 국가는 강제를 실행하

---

7. 전후 이딸리아의 개입주의 헌법은 이러한 논의를 특수한 이딸리아적 현상으로서 제한하지 않는다. 이러한 사법적 틀이 미국 헌법에 상응하지는 않더라도,

고 동의를 조장함으로써 사회에 대한 자본의 헤게모니를 증진시키는 (아마도 상대적으로 자유로운) 대리행위자이다. 그렇다면 노동에 토대를 둔 국가의 의미는 무엇인가? (잠시 "민주공화국"에 대한 물음들을 연기하도록 하자.) 이딸리아 국가는 자신을 노동계급 이익의 능동적 대리행위자로 선언하고 있는 것인가? 네그리는 헌법과 노동의 관계는 정말로 깊지만 이는 노동계급의 이익 때문에 그런 것이 아니라고 말하며, 오히려 개입주의 국가는 "노동의 헌법화"를 통해, 즉 노동계급의 적대적 힘을 통합하고 봉쇄하는 사법과정을 통해 집단적 자본의 대리행위자로 봉사한다고 본다. 이런 식으로 실로 국가는 생산적 노동에 토대를 두고 있는 것이다. 이 현상에 대한 네그리의 설명은 근대 자본주의 국가에서 합쳐지는 두 가지 분리된 줄기에 대한 연구를 포함하고 있다. 1) 국가 형태의 진화하는 기능들과 사법구조, 2) 발전하는 경제적·사회적 욕구와 자본의 전략. 그래서 자본주의 국가에 대한 비판은 두 개의 보완적인 조사방법으로 나눠진다. 하나는 국가의 계보학을 확립하기 위해 법이론가들의 작업들을 탐구하는 것이다. 다른 하나는 자본의 계보학을 재구축하기

그것은 분명히 국가산업회복법(National Industry Recovery Act, 1933), 와그너법(Wagner Act, 1935), 공정노동기준법(Fair Labor Standards Act, 1938)과 같은 뉴딜 시대에 통과된 주요 입법과 유사한 것이다.

위해 경제이론가들을 독해하는 것이다. 그래서 비판의 대상인 자본의 기획은 이러한 두 가지 줄기의 최종적 종합을 포함하게 된다.

네그리는 19세기 전반에 걸쳐 대륙의 사법이론들에 공통된 구성요소들이었던 분석적인 신칸트주의적 주장들에 국가이론의 계보학에 대한 논의의 출발점을 둔다.[8] 이들 주장들은 전형적으로 법형식주의와 법실증주의의 결합을 보여준다. 법은 정의의 초월적이고 형이상학적인 혹은 "자연적인" 기준에 준거하지 않으며 오히려 특수한 법 공동체에서 창조된 실제적 규범들에 준거한다는 점에서 실증적이다. 이러한 법실증주의는 가치의 객관적 토대가 있다는 것에 대한 (이 시기에 일반화된) 회의懷疑 혹은 더 정확하게는 그러한 토대가 있더라도 우리는 결코 그것에 대한 지식을 얻을 수 없다는 확신과 연결된다. (참고로 사회과학에서 사실과 가치, 존재와 당위의 이질성에 대한 베버의 주장과 이러한 입장의 공명을 생각해보라.) 그러나 법실증주의가 가치의 형이상학적이거나 초월적인 토대를 부인하면서, 국가의 권위, 국가이성

---

8. 네그리는 이딸리아, 독일 그리고 프랑스의 몇몇 법학자 특히 보비오와 켈젠을 인용하면서, 신칸트적 형식주의 입장을 매우 일반적으로 제시한다. 미국의 관점에서는 아마도 이 목록에 존 오스틴(John Austin)의 『법리학 강의』(*Lectures on Jurisprudence*)를 더할 수 있을 것이다. 네그리가 이 이론들을 다소 모호하게 다루고 있음을 인정해야 하지만, 여기서 주안점은 그 모든 복잡하고 다양한 입장을 정교화하는 것이 아니라 단지 논의를 위한 일반적 토대를 놓는 것이다,

raison d'Etat이라는 단순한 명제에 호소하는 것은 아니다. 대신에 그것은 형식적 사법체계에서의 규범들의 합리적 구조를 구상했다. 규범들을 객관성의 수준에까지 상승시키는 형식들은 체계에 초월적인 것이 아니라 체계 자체의 구조에 내재하는 것이다. 법의 실증주의적 특징은 법에 관한 분석적 학문을 토대로 하여, 규범의 구조를 합리화하는 법리학을 토대로 하여 법의 형식적 특징들과 일치하게 된다. 이러한 식으로 신칸트적 형식주의는 한편으로는 자연권론의 형이상학적 토대에 반대하고 다른 한편으로는 국가이성의 임의적 실증성에 반대할 수 있었다.

이제 우리의 목적에도 중요하고 사법이론의 그 이후의 발전에도 중요한 것은, 이러한 실증주의적·형식주의적 주장들이 보통 사법이론과 사회규범들의 토대에서 작용하는 사회의 물질적 힘들의 역할을 부인하거나 최소화한다는 점이다. 네그리는 이 점을 규범들의 원천이라는 주제의 관점에서 상세히 분석했는데, 이 주제는 가장 폐쇄적인 형식주의조차도 다루어야 할 것이었다. "규칙들의 역사적 집합에 의해 물질적으로 특징지어지는 하나의 근본적 규범을 최소한 가정하지 않아도 될 정도로 그렇게 순수한 형식주의는 없다."[56] 실제로 형식주의 전통은 그 전(全) 역사에 걸쳐 법의 원천과 법의 생산이라는 주제를 다루지만, 물음에 대한 이상적 해답은 법의 형식적 체계 자체에서 찾아지는 경우가 가장 흔했다. "최종적으로 말하자면, 체계가 그 자신의 원천을 창조한 것처럼 보인다."[57] 여기서 다시 우리는 법실증주의와 법형식주의가 어떻게 단일한 하나의 이론으로 융합하는지 볼 수 있다. 확립된 법과 객관적 규범은 완전히 일치한다. 실증적 법이 가치의 전적인 규정자로 제시되지만, 법의 원천과 법의 생산은 그 어떤 역사적 혹은 사회적 맥락에도 호소하지 않고 형식적 도식의 경계 안에 남아있다. 네그리에 따르면 이 해답에 대한 가장 일관적인 설명은, 법리학을 권리의 토대로 만든 고전적인 관념론 철학들에서 찾을 수 있다.[57] 분석적 절차에 기초한 학문이 규범의 이념적 원천으로 드러나며 그래서 형식적 체계의 외부에 있는 실제적이고 물질적이며 생산적인 영역에 준거하는 것은 덜 중요하거나, 혹은 심지어 완전히 부적절한 것이 된다. 규범들의 생산은 전적으로 합리적인 차원에서 수행되며, 이는 법에게 폐쇄적인 자기관계를 부여한다. 그렇다면 형식적 사법전통은 원천의 문제를 제기하지만 관념론적으로 해소하여 그 문제 자체를 부정하는 것처럼 보인다. 이러한 식으로 규범들의 체계가 통합되고 안정된다. 이는 실증적이고 형식적인 사법생산의 과정을 통한 자기결정인 것이다.

그러나 이러한 실증주의적, 형식주의적 지배관은 오직

국가가 경제적 압력과 사회적 압력으로부터 상대적으로 자율적일 때에만 유지될 수 있다. 이 시기 국가의 역할은 사법적 권리체계의 안정을 통해 사회질서와 정치질서를 보장하는 것이었다. 법형식주의의 법치국가 Rechtsstaat는 단지 질서의 보장자일 뿐이었지 질서의 생산자는 아니었다. 그것은 자본주의적 힘들의 자유로운 표현과 상호작용을 허용함으로써 경제영역과 일정한 거리를 유지했다. 이 시기의 국가의 자유주의에 상응하는 유사한 것으로서 자본의 자유주의가 있다. 네그리는 고전적 경제이론가들을 자본의 계보학의 출발점으로 삼았다. 이들 이론가들에 따르면, 국가와 마찬가지로 자본 역시 공장구조에 의해 특징지어지는 주된 생산관계에만 초점을 맞추면서 일정한 한계 안에서 작동한다. 게다가 개별 자본가들은 노동과 직면하여 외부의 개입에서 자유로운 통제되지 않은 환경에서 서로 경쟁한다. 의심할 여지없이 이 시기에도 국가와 자본 사이에 어떤 공모가 있지만, 형식적 사법이론과 자유방임주의적 경제이론 양자에 핵심적인 자율성 또한 존재한다. 각각의 경우에 그 중심적 특징들과 각각의 이론을 자유주의적인 것으로 정의하는 특징들은 국가와 시장의 분리라는 생각과 사회적 질서는 국가와 시장 어느 것으로부터도 지배되지 않고 독립적이며 자기결정적이라는 명제이다.

이 지점까지 네그리는 상당히 표준적인 해석이 적용되는 친숙한 영역을 다루었다. 그러나 이러한 정식화들 각각으로부터 배제된 주된 요인은 노동계급의 힘이다. 이 힘이 질서의 자유주의적 균형과 경제적인 것과 정치적인 것 사이의 분리를 파괴하는 요인이다. 이제 우리는 오페라이스모의 비판적 교의들로 돌아가자. 노동계급이 자본주의적 발전을 선도하는 역할을 한다는 테제는 경제적 관점에서 이 문제의 핵심을 제시한다. 일정한 시기에서의 자본주의적 통제의 형식은 노동계급이 이전에 가한 압박과 구속에 의존하고 또 그것에 의해 조건지어진다. 노동계급이 자율성과 자본주의적 생산관계에 대한 적대를 주장할 때마다 자본은 그 지배체계를 재구조화하도록 강제된다. "자본은 소외에 대한 노동자들의 거부의 그때그때 결정되는 수준을 지속적으로 재흡수하도록 강제된다."["Il lavoro" 33] 자본주의적 관계의 틀 안으로 노동계급을 재흡수하는 과정은 두 가지 과제를 필요로 한다. 자본은 통제의 기초를 넓혀야 하는 동시에 지도력의 정점을 통합해야 하는 것이다. 즉 자본은 지배의 삼각형 구조를 강조해야만 한다. 노동자들의 거부는 공장생산의 특수한 관계에만 관계되는 것이 아니라 더욱 광범위한 사회적 생산의 지평에까지 계속적으로 흘러넘치기 때문이다. 물론 유용한 역사적 사례는 1848년의 파리 봉기와 1871년의 코뮌이다. 그러나 네그리의 경험에 더 근접한 것은 1962년에 뚜린^{Turin}의 피아자 스따뚜또^{Piazza Statuto}에서 일어난 노동자 봉기이다. 각각의 사례에서 중요한 요소는 노동자들의 공격이 단순히 개별 자본가들에게 향했던 것이 아니라 직접적으로 국가에 대항하는 것으로 나아갔다는 점, 그리고 단지 경제적 지반만이 아니라 사회적이고 정치적인 지반에 입각해 있었다는 점이다. 이러한 공격에 대응하여 자본주의적 재구조화는 통제의 토대를 노동자들의 적대의 사회적인 범위에 필적하도록 확장해야만 한다. 다른 말로 하면 자본주의적 확장의 경향은 공장 형태의 특수한 생산관계들을 넘어서, 사회적 자본의 형태로 넓은 사회적 지평에 걸쳐있는 생산관계들의 통제를 향하는 것을 포함한다. "자본주의적 착취에 대한 노동자들의 거부는 사회적 생산의 전(全)영역에 걸쳐있다. 오늘날 노동자들의 거부는 다음과 같은 수준에서 행사된다. 즉 근대 공장을 그 고유한 축적의 매우 전형적인 도구로 삼았던 자본이 그 물질적 차원을 사회 전체를 포괄할 정도로 확대한 수준에서 행사된다."[34] 자본주의적 생산관계가 노동자들의 거부가 벌어지는 넓은 범위에 필적하기 위해 공장 바깥으로 사회적 지평 전체에 걸치도록 확장될 수밖에 없게 되면서 자본주의적 지배의 대상은 점차적으로 "공장– 사회^{società-fabbrica}" 전체가 된다. 그러나 동시에 노동자들 적대의 수준이 일반적

형태로 확대되면서 자본은 또한 일관된 지도력으로 혹은 생
산관계들의 통합된 조직화로 이러한 일반성에 맞서야 한다.
다른 말로 하면, 자본의 편에서 이러한 통합화의 경향은 집
단적 자본의 일관된 이익을 위해 개별 자본가들의 다양한 사
적 이익을 거부해야한다는 것을 포함한다. 이러한 것들이 자
본으로 하여금 통제의 형식으로서의 국가, "집단적 자본의
집행기관이며 사회적 생산의 직접적 경영자로서의" 국가에
호소하고 국가에 스며들도록 압박한다.[34] 요컨대 "사회적
공장"을 향한 경제적 토대의 확대는 "사회적 국가" ─ 사회적
국가는 사회적 생산관계들의 조직화와 사회적 자본의 축적에서 주요
한 대리행위자로 등장한다 ─ 를 향한 수뇌부의 통합을 강제하
는 것이다.

4. 케인즈적 국가와 계획된 평형

그러나 우리는 이 지점까지 이러한 현상, 즉 노동자들의 투
쟁이 자본에 강제하는 확장 경향을 단지 일반적이고 추상적
으로 제시했을 뿐이다. 「케인즈 그리고 1929년 이후의 자본
주의적 국가이론」에서 네그리는, 개입주의국가에서 사법력
과 경제력이 통합된 조건들을 서술하는 더 구체적인 분석을
시도했다. 네그리는 노동계급이 자본으로 하여금 그 지배형

식을 재구조화하도록 강제한 1917년을 역사적으로 중요한 전환점으로 보았다. "이미 1848년에 드러난 진리 — 노동계급이 자본주의적 발전과정에서 스스로 정치적 자율성을 주장할 수 있는 정도까지 독립변수로 등장할 수 있는 가능성 — 는 이제 온전하게 실현되었다. 즉 '자유로의 돌입'Dadurch ins Freie이 이루어졌다."[10] 10월 혁명은 (러시아 볼세비끼의 외적인 위협뿐 아니라 그에 병행했던 유럽과 미국에서의 노동자운동 — 공장평의회운동과 세계산업노동자Industrial Workers of the World, IWW 등 — 의 내적인 위협까지도 포함하는 넓은 의미에서 생각해 보면) 노동자들의 자율을 그리고 개별 자본가만이 아닌 국가와 자본주의 사회 전체에 대한 노동자들의 적대를 드러냈다. 노동자들의 운동으로 드러난 적대는 자유주의적 경제 및 사법이론이 정립한 사회적 평형을 회복할 수 없을 정도로 파열시켰다. "그것은 '합당한 과정'이라는 부르주아적 안전판을 통해 개인들의 권리를 형식적으로 보호하고자 하는 국가권력장치로서 이해된 바의 법치국가의 역사적 종말을 나타냈다. …… [그것은] 국가와 시장의 분리라는 고전적인 자유주의적 신화의 마지막 장례식을, 자유방임주의의 종말을 [나타냈다.]"[13 수정됨] 노동자들의 투쟁은 자본과 국가가 작동할 수 있는 틀들을 변경시키고 자본과 국가로 하여금 지배관계를 재구조화하게끔 강제하였다.

네그리의 주장에 따르면, 존 M. 케인즈John Maynard Keynes 는 이 위기의 시기를 가장 잘 이해한 경제학자였으며 그래서 자본주의의 재건을 가장 잘 통찰했던 이론가였다. 케인즈가 인식하였던 것은 무엇보다도 노동계급의 힘과 위협이 자본 안에 포함되어야 한다는 점이었다. 그렇다면 이러한 노동계 급의 위협에 대처하기 위해서는 그 조직의 특수한 특징과 형 태를 우선 알아야 되었다. 이 시기에 대표적인 노동자 주체 성은 네그리가 "전문노동자"라고 부른, 노동계급 전체에 대 해 지도적 역할을 하는 고숙련의 공장노동자였다. 공장노동 자들의 위계적 관계는 전문적 전위들에 의해 지도되는 위계 적 조합 및 당조직들을 위한 조건들을 제공했다. 생산의 조 직이 그것을 전복할 조직의 씨앗을 제공했던 것이다. "경험 이 동질적임이 드러났다. 운동이 노동자 평의회 (1918~1926)의 형태를 취하는 곳과 그것이 더 명시적으로 노동조합주의의 형태를 취하는 곳에 공통적인 준거점은 생 산의 자주관리에 대한 요구와 일정한 유형의 계급 전위였 다."[15] 노동계급 주체성으로서 전문노동자가 성숙하고 국 제적으로 동질적이 되자, 이는 자본주의적 생산관계와 국가 의 사회정치적 조직화 양자에 실질적인 위협으로 드러났다. 일반적인 자본가들은 이러한 위협에 대해 경제적 지배를 재 구조화하는 것으로 응답하였다. 노동자들에게 광범위한 폭력을 사용하고 투사들을 대규모로 해고했을 뿐만 아니라, 더 중요한 것은 자본이 생산과정을 변형하는 기술혁신프로젝트에 착수하였다는 점이다. "노동자 평의회와 1920년대 초의 혁명적 씬디컬리즘9의 강력한 흐름은 패배했다. 아니, 더 정확하게 말하자면, 계급 전위와 그 조직화의 기초인 프롤레타리아 대중 사이의 혁명적 변증법의 가능성은 부인되었다. 계급전위는 단지 핵심 부문의 노동력 재구성에 의하여, 즉 노동을 합리화하는 새로운 기술에 의하여, 탈숙련과 대량일관작업mass assembly line에 의하여 그 토대가 허물어졌다."[18] 여기서 우리는 노동계급이 자본주의적 발전에서 "선도적 역할"을 한다는 오페라이스모 테제의 역사적 사례들을 본다. 생산의 자본주의적 대량화가 전문노동자의 기반을 제공했던 공장조직을 파괴했던 것이다.

그러나 케인즈의 천재성은 이러한 경제적 해결책, 즉 공장의 재조직화와 노동의 대량화가 충분한 대응이 되지 못한다는 것을 인식했다는 점에 있다. 케인즈는 노동계급이 경제적으로만 위협적인 것이 아니라 정치적으로도 위협적이며 따라서 두 영역 모두를 다루어야 한다는 것을 이해했다. 자본은 노동계급의 적대를 효과적으로 포함하는, 구축된 평형

---

9. [옮긴이] syndicalism : 직접 행동으로 생산·분배를 수중에 넣으려는 투쟁적인 노동조합 운동을 말한다.

이라는 새로운 모델을 필요로 했다. 1929년의 위기에 대한 케인즈의 해석에서 네그리는 순전히 경제적인 전략으로는 불충분하다는 논증과 자본에 대한 경고를 발견한다. 1917년의 사건이 1929년의 위기의 주요하고도 직접적인 원인은 물론 아니었지만, 그럼에도 불구하고 네그리는 (케인즈의 분석으로 그의 입장을 보강하면서) 1917년의 노동자투쟁으로 강제된 자본주의의 경제적 재구조화와 생산의 대량화가 1929년의 위기를 낳은 불안정한 조건들에 중대하게 기여했다고 말한다.[10] 케인즈의 정치적 저술들은 성장하는 노동운동이 경제적, 정치적 불안정을 낳으리라는 선입견으로 가득하다. 그는 조직된 노동계급을 "파국의 무리"로 본다. 그러나 케인즈의 경제적 저술에는 그의 더 통찰력 있는 정치적 분석이 들어있다. 케인즈에 따르면 1929년의 위기는 1920년의 경제발전, 즉 "수요공급관계의 변화를 동반하지 못한 공급 기

____

10. 1929년의 자본주의의 위기가 1917년의 노동자 주도성의 영향이라는 네그리의 논증은 분명 엄밀한 것은 아니나. 프랑스 논평가인 장 마르끄 삐우뜨(Jean-Marc Piotte)는 네그리의 테제에 공감하지 않았다. "네그리의 논증은 약한 것, 아니 하찮은 것이다. 이러한 불충분함을 얼버무리기 위해 그는 경제이론의 (케인즈를 통해 다소 혼란스럽게 인식된) 정치적 함의를 주장한다."[21~2] 역사적 인과에 대한 네그리의 주장은 단정적이 아니라 시사적인 것으로 간주되어야 한다. 그것은 네그리에게 주로 수사적 준거점으로 작용한다. 그의 논증에 본질적이며 더 쉽게 옹호될 수 있는 주장은, 자본의 재구조화와 개입주의국가의 발전에 대한 케인즈의 이론이 정치적 세력으로서의 노동계급의 힘과 위협에 대한 케인즈 자신의 인식에 기반을 두고 있다는 것이다.

반의 확장"에 기인한다.[23] 케인즈는 공급의 자율성을 계속해서 주장하고 공급의 대량화는 그에 상응하는 수요의 대량화를 수반해야 한다는 것을 인식하기를 거부하는 자본가들을 공격했다. 경제적 질서는 불안정한 정치적·경제적 환경 때문에 더 이상 "자연적" 평형에 의존할 수 없다고 본 것이다. 케인즈가 수요에 초점을 둔 것은 어느 정도는 노동계급의 경제적 힘을 고려하려는 시도였다. 수요의 변동 혹은 소비성향은 주어진 고용수준에서 단위임금으로 측정되는 수입의 변동에 본질적으로 의존한다.[29] 그렇다면 이런 의미에서 수요는 노동계급의 경제적 욕구를 나타낸다. 그러나 네그리는 노동계급의 정치적 욕구를 포함하는 더 넓은 의미로 "수요"를 읽고자 했다. " '수요'를 말하는 것은 노동계급을 말하는 것이며, 정치적 정체성을 발견한 대중운동을 말하는 것이고, 반란과 체제의 전복의 가능성을 말하는 것이다."[24] 우리가 과장하지 않도록 주의해야 할 네그리의 논점은, 자본이 (수요와 공급의) 새로운 경제적 평형을 찾아야 한다는 것을 인식한 케인즈가 그와 동시에, 이것이 또한 정치적 평형을 필요로 한다는 것, 나아가 이러한 두 평형은 분리된 것이 아니라 동일하다는 것도 인식했다는 점 단지 그것이다. "고전적인 자유주의적 분리의 정치학에 반대하는 케인즈의 입장은, 경제 안에 정치적 요소를 내면화해야 한다는 일반적 주장이었다."[18] 케인즈가 찾고자 분투했던 균형은 포괄적인 정치적·경제적 평형이었다.

그렇다면 케인즈의 프로젝트의 진의는 경제영역과 정치영역 양자를 미래의 우연성으로부터 보호하려는 것이다. 그러한 넓은 지평의 안정성을 보장할 수 있는 유일한 메커니즘은 국가의 개입뿐이다. "국가는 계획자의 역할을 위해 개입을 확대해야 하며, 그리하여 경제는 사법 안에 통합되게 된다."[25] 케인즈에게 국가계획은 현재의 내부로부터 미래를 투사하는, 미래의 모든 파국으로부터 현재를 보호하는 수단이었다. 그러나 네그리는 국가개입은 경제적 환경을 보장할 뿐만 아니라 생산에도 능동적으로 참여한다고 주장한다. 국가가 경제의 주요한 구조, 생산주체가 된다는 것이다. "현재를 미래와 연결하는 관례를 보장하는 국가는 여전히 자본가들을 돕는 구조이다. 그러나 국가가 스스로를 직접적으로 생산적 자본으로서 제시할 때 국가는 시장경제와 시장경제가 개별 자본가들과 맺는 간접적 관계가 초래할 수 있는 구조적 마찰도 극복하고자 하는 것이다. 그래서 그것은 새로운 형태의 국가, 사회적 자본의 국가가 된다."[26] 이 위기에 대한 케인즈의 해결책은 새로운 국가형식 즉 "계획자국가"를 창출하는 것이다. 계획자국가는 사회의 경제적 동학을 그 자신의 사법구조에 통합함으로써 안정을 창조하는 국가이다. 계획자국가는 집단적 자본의 일관된 프로젝트를 위해 개별 자본가들의 욕망을 억눌러야만 한다.

우리는 네그리의 탐구를 추동한 자극을 명심해야 한다. 케인즈와 계획된 평형의 메커니즘들에 대한 네그리의 연구는 이러한 메커니즘들을 사보타지하는 방법을 발견하고자 수행된 것이었다. 자본주의국가가 평형의 계획을 원한다면, 노동자들의 운동은 이를 비평형의 계획에서 전도하기를 원한다. 그러나 우리가 이와 관련된 모든 비판적 요소들을 모은 것은 아니기에, 아직 이 프로젝트를 위한 준비가 된 것은 아니다.

5. 노동과 헌법 : 법형식주의의 변형

이 지점에서 우리는 네그리가 그 지도를 그린 다른 계보학 즉 사법적 국가이론으로 되돌아가야 한다. 우리는 지금까지 네그리의 케인즈 독해를 통해, 자본이 국가로부터 자유롭게 분리되는 것을 포기하고서 사회적, 경제적 안정을 보장하기 위해 사법적 수단에 호소할 수밖에 없었다는 것을 보았다. 집단적 자본의 대리인으로서의 사회적 국가 혹은 계획자국가는 노동계급의 적대를 봉쇄할 수 있고 따라서 자본주의적 생산관계를 영속화할 수 있는 사법구조를 발전시켜야 한다. 사회적, 경제적 질서를 창조하는 이러한 개입은 자유주의적 사법에 입각한 국가관의 심대한 변형을 필요로 한다. 케인즈의 프로젝트를 실행하기 위해서 자본은 새로운 이력履歷을 가져야 한다. 자본은 천직인 경제학자에 더하여 법학자가 되어야만 하고, 사법이론을 변형시켜야만 하는 것이다. 네그리의 테제는 이러한 변형이 주로 노동의 헌법화를 통해, 즉 노동이 가치화의 전적인 기준으로서, 규범의 특유한 원천으로서 채택됨으로써 성취되었다는 것이다. 자본주의국가는 이러한 식으로 노동계급의 힘과 적대를 효과적으로 흡수하는 포괄적인 물질적, 형식적 헌법을 제시해낸다.

이러한 변형을 이해하기 위해 네그리는 그것을 사법적 관점에서 고찰하고자 하였고 새로운 국가형태를 가능케 하는 사법이론의 계보학을 추적하였다. 우리는 20세기가 시작되면서 노동계급 투쟁의 점증하는 위협과 그것을 봉쇄하려는 자본의 대응이 국가에 점증하는 압력을 행사한다는 점을 케인즈에 대한 논의를 통해 확인하였다. 실제로 계급투쟁은 사법이론의 영역을 침범해왔다. 자본주의적으로 통제해야 되는 대상이 점차 공장 밖의 일반적인 사회적 생산의 영역으로 흘러넘치고, 노동자들이 더 분명하게 정치적으로 조직되어 국가를 공격할수록, 자본의 경제영역과 국가의 정치영역이 점점 더 일치하는 경향을 보인다. 두 질서체계들이 융합

되어 사회적 국가를 형성하는 것이다. "사회적 국가에서는
…… 사회적 생산의 물질적 차원이 국가와 사회를 동일하게
만드는 한에서 정치적이고 법적인 구성(헌법)이 사회의 경제
적 구성을 반복하는 경향이 있다."[46] 자유주의적 법치국가
와는 달리 사회적 국가의 역할은 더 이상 외부적이고 독립적
인 경제 세력에 단순히 사회·정치적 질서를 보증하는 것이
아니다. 오히려 사회적 국가가 사회적 자본의 경영자이자 조
직자이다. 만약 그전의 단계에서 정치적 질서와 경제적 질서
가 상대적으로 자율적이었다면, 사회적 국가에서는 그 자율
성이 더 이상 부여될 수 없다.

그렇다면 사회적 국가의 출현 혹은 더 정확하게는 자본
이 국가와 융합되어야 할 필요는 필연적으로 법형식주의 전
통의 위기를 형성한다. 자본이 제기하는 사법의 문제는 물질
적 구성에 대한 것이었다. 우리가 주목했듯이 자본은 노동계
급의 적대를 봉쇄하고 그 생산력을 자본주의적 생산관계의
질서 안에 조직화하는 과제에 직면하고 있다. 그래서 사법이
론이 자본의 압력에 직면했을 때, 그것은 더 이상 규범체계
와 사회의 물질적 동학 사이의 거리를 유지할 여유가 없었
다. 자본에게 "문제는 이론이 자율적으로 결정한 것을 실재
위에 투사하는 것이 아니라, 오히려 법규범이 창조되거나 수
정되거나 소멸되게 하는 그 어떤 영향력도 실재에 기반을 둔

것으로 보는 것이다."[58] 이는 우리로 하여금 규범의 원천이라는 주제를 다시 한 번 생각하도록 한다. 실증적이고 형식적인 법이론도 규범체계를 산출하지만, 이는 오직 법리학 안에서 일어나는 것이다. 네그리가 특징지은 바에 따르면, 확립된 사법체계가 사회의 물질적 현실 위에 투사된 것이다. 그러나 자본은 결코 사회의 물질적 세력과의 대립을 피할 수 없다. "그렇다면 실증주의의 위기는 바로 법의 독단성이라는 교의의 위기라고 할 수 있다."[63] 자본주의적 사법이론은 가치의 순수한 법적 토대를 제시할 수 없으며, 오히려 생산의 사회적 동학과 자본 자신의 가치화과정을 참조할 수밖에 없다. 물질적인 사회적 세력을 규범 자체의 생산에 통합해야만 하는 것이다. 그래서 사회적 국가는 자본주의적 가치생산과 사법적 규범생산을 통일하는 것에 토대를 두어야만 한다.

그렇다면 법실증주의의 위기는 단순히 그것의 부정을 낳은 것이 아니라 (그리고 자연법 이론의 부활을 낳은 것이 아니라) 오히려 권리의 형식적 실증성과 경제적 질서의 물질적 토대를 융합하려는 더 복합적인 실승주의를 낳았다.[62] 네그리에 따르면, 자본이 직면한 사회적 압력이 사법이론의 전통을 변형시키는 효과를 낳았으며, 그 결과는 "실증주의의 재구조화, 즉 사회적 국가의 헌법 영역에서 실증주의를 새롭게 적극적으로 사용하는 것"이었다."[63] 사회의 형식적 헌법은 그것의 물질적 구성에 부합해야 한다. 네그리는 한스 켈젠의 작업을 신칸트학파 형식주의 전통의 중요한 발전으로, 그리고 자유주의적 법치국가로부터 개입주의적인 사회적 국가로의 이론적 이행의 중간단계로 본다. 켈젠은 규범체계의 통일성과 자기결정성을 주장하면서 분석적인 형식주의 전통을 변형시켜냈다. 네그리에 따르면 켈젠의 주요한 기여는 전술 사법구조의 중심이 되며 그것을 지탱하는 "근본규범 Grundnorm"을 제안한 데 있다. 다른 신칸트학파 법학자와 마찬가지로 켈젠은 법질서의 체계적 특징들에 초점을 두는 데서 시작한다. 체계 내에서 어떤 규범이 갖는 타당성은 그것이 더 상위의 규범으로부터 도출될 수 있다는 사실에 근거한다. 그러나 타당성의 이러한 분석학이 무한소급에 빠지는 것은 아니다. 왜냐하면 최종심급에서 체계 내 모든 규범은 하나의 근본규범, 즉 "상위의 규범으로부터 도출될 수 없는 타당성validity"으로부터 도출되기 때문이다.[Kelsen, *General Theory of State and Law* 111] 전체계의 실증성은 정확히 모든 규범들이 근본규범에 기초하여 산출될 수 있다는 사실에 근거한다. "어떤 법질서의 근본규범은, 그것에 따라서 이 질서의 규범들이 확립되고 폐기되며 그 타당성을 획득하고 상실하는, 정립된 궁극적 규칙이다."[113] 순수하고 형식적인 체계는 규범발생의 과학적, 기술적 절차를 통해 구축되고 정당화되는 것이다.

켈젠 체계의 강점은 그가 형식주의를 위한 과학적 토대를 분명하게 제공하고 체계의 총체성과 타당성 그리고 절대적 일관성을 특징짓는 한계조건을 제시한다는 데 있다. 어떤 측면에서 켈젠은 규범의 통일성과 순수하게 과학적인 타당성을 추구하는 신칸트학파적 노력을 극단에까지 밀고 간다. 체계의 경계 내에서 법은 도덕성이나 정의에 대해 묻지 않고, 단순히 과학적 기술의 올바른 적용이고자 한다. "자신 안에 모든 것을 통일하는 근본규범으로부터 사회적 규범 전체가 파생되고 도출되고 비준될 수 있다는 생각이 처음으로 정립된다."[82~3] 그러나 체계의 명백한 약점은 근본규범의 생산 자체에 있다. 충분히 일반화될 수 있는 계율의 형식으로 근본규범을 제시하는 것은 대단히 어렵다. 켈젠은 "너의 이웃을 사랑하라"와 "우주와 조화롭게 살아라"를 있을 수 있는 근본규범의 사례로 제시한다. 그러나 그러한 계율이 법질서 전체에 일반화될 수 있는지는 불확실하다. 게다가 법형식주의의 정신에 걸맞게 켈젠의 작업은, 가설적인 사회 혹은 미래사회에서 기능할 수 있는 근본규범을 창안하는 것이 아니라 특수한 법률공동체에 실제로 존재하는 근본규범을 발견하는 것이다. 하지만 켈젠의 논증에서 이러한 문제는 충분히 다뤄지지 않았다. 이는 과학적 법리학 영역의 외부에 있다.

이러한 켈젠의 견해를 염두에 두면서 우리는 네그리가 노동이 자본주의 헌법에서 주도적인 기능을 하며 사회적 국가의 근본규범이라고 말할 때, 그의 열망을 감지할 수 있다. 여기서 네그리는 자본주의국가에 적실한 사법이론이 발전하면서 드러난 서로 충돌하는 압력들에 대한 가장 일관된 해결책을 찾았다고 본다. 한편에서는 노동이 사회 전체에 확대되는 구체적 생산력인 한에서 자본주의헌법에 적실한 물질적 토대를 제공한다. 그리고 가치화과정에서 자본에 의해 사용되어지는 한에서 노동은 형식적 법질서에 적실한 규범적 틀을 제공한다. 그래서 네그리에 따르면 자본의 사법기획은 사회적 국가를 노동에 정초하여 노동의 생산적이고 가치창조적인 측면을 형식적이고 물질적인 차원 모두에서 하나의 포괄적인 사회적 헌법에 통합시키는 것이다. 그러나 노동이 어떻게 자본주의 사법체계를 위한 근본규범으로 복무할 수 있는지가 직접적으로 명백하지는 않다. 노동은 그 살아있는 본질의 측면에서는 그러한 규범으로 기능할 수 없으며 오직 자본주의적 생산과정 안에서 추상될 때에만 그렇게 기능할 수 있다.

네그리의 이러한 측면이 갖는 의미를 제대로 인식하려면 자본주의적 가치화과정에 대한 맑스 분석의 상세한 내용을 염두에 두어야 한다. 맑스에 따르면, 그 자체로 고찰된 생산과정은 "노동과정과 가치형성과정으로 구성되어 있다."[Capital Ⅰ, 293] 다른 말로 하자면, 노동과정은 사용가치의 생산을 목표로 한다. 생산과정에서 창조되는 새로운 사용가치가 바로 지출된 노동력의 가치이다. 그러나 자본가가 노동력을 구매할 때, 그는 이러한 단순한 사용가치의 생산에 만족하지 않는다. 그렇다면 생산과정 그 자체와는 구별되는 자본주의적 생산과정은 "노동과정과 가치화과정으로 구성되어 있다."[304] 자본가의 관점에 접근하게 해주는 열쇠는 맑스가 단순한 가치창조와 가치화과정 사이에 지은 용어상의 구별로 표현된다. "노동력의 가치와 그 노동력이 노동과정에서 가치화하는 가치는 전적으로 상이한 크기이다……"[300] "노동력의 가치"는 자본가가 정해진 기간에 노동력을 구매하기 위해 지불하는 총액이다. 이 총액은 이 기간에 걸친 노동자의 재생산비용에 상응한다. 그러나 "노동력이 가치화하는 가치"는 생산과정에서 노동력에 의해 상품에 추가된 총액이다. "만약 생산과정이 노동력 구매를 위해 자본가가 지불하는 가치가 정확히 등가적으로 대체되는 지점 너머까지 수행되지 않는다면, 그것은 단순한 가치창조과정이다. 그러나 만약 그 지점을 넘어서 계속된다면 그것은 가치화과정이 된다."[302] 따라서 자본주의적 가치화를 정의하는 뚜렷한 특징은 노동력이 가치화하는 가치가 노동력의 가치보다 크다는 점이다. 바꾸어 말하자면, 가치화는 단지 가치창조가 아니라 또한 더 중요하게는 생산과정에서 잉여가치의 창조라는 점이다. 맑스의 분석에서 잉여가치는 자본주의적 질서와 그 질서가 함축하는 생산관계를 지탱하는 종석宗石이다. 그것은 자본주의적 노동과정의 생산적 역량과 규범적 역량을 통합하는 고리이다.

가치화과정은 노동을 그 특수한 활동으로부터 추상하여 그것을 규범의 형태로서, 잉여가치에 대한 긍정으로서 제시한다. 네그리가 제안하는 것은 자본주의적 생산에 있어서 노동의 규범적 역량이 사회적 국가에서 발전하고 확대되어 사법질서 전체의 기초를 형성하게 되었다는 점이다. "노동의 헌법화"는 네그리가 광범위한 사회적 관계를 가로질러 확장되는 가치화과정을 기술하기 위해 사용하는 용어이다. 이 과정은 국가가 노동을 권리의 전적인 원천으로 자리매김하는 것일 뿐만 아니라 사법적으로는 형식적 헌법에서 가치화과정을 조직하는 것이며, 자본주의의 물질적 구성을 기획하거나 창조하기 위해 추상적 노동을 일련의 위계적인 관계들로 사회화하는 것이다. "자본주의의 사회적 생산과 마찬가지로, 노동은 사회적 수준에서 추상적 노동으로 나타나며, 따라서 그 본성에 함축된 모든 종속의 관계들을 규정한다."[39] 여기서 네그리는 가치화과정에 태생적으로 수반되는 소외에 대해 말한다. 맑스에 따르면, 가치화의 관점에서 노동력의 구매를 고찰할 경우 노동력은 그 특수한 활동으로부터 추상된다. 노동자의 물질적 활동은 오직 그것이 가치를 창조한다는 점에서만 고려된다. 그래서 예를 들어 면화재배자, 방추제조자 그리고 방적공의 구체적 노동이 무차별적으로 추상적인 노동력으로서 통합된다.[*Capital* I, 296] 가치화로부터 헌법화로 옮겨왔으므로, 이제 우리는 이러한 소외와 추상화를 사회적 수준으로 확장할 필요가 있다. 사회적 국가는 자본주의적 생산관계의 틀 속에서 노동력을 추상적 노동으로 조직할 수 있는 만큼, 노동을 그 자신의 헌법적 범주로 채택하는 것이다. 다른 말로 하면, 노동이 헌법의 물질적 기초를 제공하지만, 이는 그것이 추상적 노동의 형태로 형식화되는 한에서이다. 이러한 추상화가 노동을 자본주의적 헌법에 적합한 근본규범으로 만든다. 그래서 노동은 "생산과 사회의 연결을 해석하는 종석宗石"을 나타낼 "뿐만 아니라 그러한 연결이 전도된 형태로 고정되고 조직화되는 데 준거가 되는 가치"를 나타내며 "이러한 전도된 형태로 자본주의적 외관은 '생산적 가치로서의 노동의 전일성은 (사회적 가치화의 기준인) 노동의 총체성이라는 외관으로 고정된다'는 명제를 제시하게 된다."[40] 노동의 헌법화는 사회적 가치화과정이다. 그것은 추

상적 노동력의 사회화이며 노동력의 자본주의적 생산관계
안으로의 형식적 포섭이다.

6. 노동권이론과 자본의 사회주의

노동의 헌법화를 자본의 기획으로서 분석함으로써 네그리는
이딸리아 헌법을 독해하는 실마리를 찾았다고 보았다. 실제
로 이딸리아는 노동에 기초하고 있다. 국가는 추상적 노동이
자본주의적 가치화과정에서 생산적인 한에서 그리고 그것이
잉여가치를 생산하는 한에서 추상적 노동에 기초한다. 이러
한 점은 이딸리아를 (분명 노동계급의 이익에 의해 지도되는
국가는 아닌) 개량주의 국가로 특징짓는다. 이딸리아의 개량
주의는, 직접적으로 케인즈를 통해 포고되었고 켈젠의 작업
에 의해 사법프로젝트로서 가능해진, 자본주의적 재구조화
와 직접적으로 일치한다. 사회적 국가 혹은 계획자국가에서
합쳐지는 이러한 두 사유 계보(즉 경제적 개입주의와 사법적
형식주의 전통)에 대한 분석이 자본에 대한 네그리의 사회적
비판의 기반을 이룬다. 그는 각 이론적 전통을 그 지지자들
의 작업을 통해 "그것의 고유한 기능과 역량에 비춰" 독해한
다. 네그리는 비판적 맑스주의의 전통을 충실히 따른다. 그
런데 노동계급 입지점은 이러한 절차 전체의 어디에 위치하

는가? 기껏해야 우리는, 논의의 시작점을 형성하며 내내 적대적 힘으로서, 자본에 가하는 파괴의 위협으로서 남아있는 교의들에 노동계급의 힘이 존재하고 있다고 말할 수 있다. 그러나 이러한 위협은 케인즈와 같은 자본주의적 저자들의 저작에서는 추상적으로만 존재한다. 실제로 노동계급의 적대와 계급투쟁이 자본주의적 경제체계의 근본적 요소라는 것을 케인즈가 인식했다는 것이 네그리의 핵심적 요점이지만, 우리가 케인즈의 지형에서 움직일 때에는 우리는 이미 사회적 세력들과 계급투쟁의 구체적 장에서 추상되어 있는 것이며 케인즈가 구축한 형식적 차원에 놓여있는 것이라는 점은 명백하다.

케인즈와 켈젠은 네그리의 사회적 국가에 매우 쉽게 합쳐지는데, 이는 케인즈의 이론이 법형식주의 전통과 양립할 수 있는 것으로 볼 수 있는 경제적 형식주의 모델을 발전시켰기 때문이다. 네그리는 케인즈의 <일반이론>[11]을, 힘들의 전체적인 균형을 모든 내적인 부분들이 순환적으로 상호의존하는 체계 속에서 정의하려는 노력으로 읽는다.[29] 예를 들어 "효과적으로 실현되는 수요의 일정 단계에 상응하

---

11. [옮긴이] 케인즈의 주저가 『고용, 이자 및 화폐의 일반이론』(*The General Theory of Employment, Interest, and Money*, 1936)인 것을 감안하여 케인즈의 이론을 <일반이론>이라고 부른 것이다.

는 평형은 노동계급 고용의 수준이 생산물의 총공급량의 가격과 기업가의 이익에 대한 기대치를 결정하는 바로 그 가치량에서 이루어질 것이다."[29] 형식적 모델에서 다양한 요소들이 상호의존적인 것은 "모든 수량quantity이 모델 안에 포함되어 있으면서도 확정되지 않은 가변성을 감당할 수 있어야 한다는 것"을 의미한다.["Crisis" 52] 케인즈의 이론은 과학적으로 분명하게 분석되는, 확증될 수 있으며 고정된 내적관계들의 집합으로 이루어진 총체적 경제체계를 제시함으로써 중앙집중적 계획의 기초를 제공한다. 노동을 헌법화하는 형식적 사법이론과 마찬가지로, 케인즈의 형식적 경제모델은 노동계급의 영향력을 근본적으로 인식한 데 기초한다. 그러나 여기서도 노동은 그 진정한 살아있는 형식으로부터 추상된 한에서만 모델 안의 한 요소로 통합된 것이다.

그러나 남아있는 물음이 있다. 사회적 국가의 형식적 구조가 어떻게 노동계급의 구체적 적대를 실제적으로 현실 속에서 봉쇄하거나 부정하는가이다. 네그리는 뉴딜이라는 제도적 실험을 이러한 틀들의 일부를 실천에 옮기려는 시도로 독해하고자 한다. "사실 변화하는 국가형태들과 관련하여 오직 뉴딜이라는 경험만이 우리가 케인즈주의의 근본적 특징들로 보아온 것 즉 작용하는 경제적 힘들 사이의 변화된 관계에 대한 인식 그리고 그에 상응하는 이러한 새로운 맥락에서의 자본의 헤게모니의 재구조화를 분명히 할 수 있다고 말할 수 있다."[34] 뉴딜 시기의 사회적 국가의 새로운 제도들은 노동계급의 적대에 대한 대응으로 자본주의를 더 큰 사회적 참여를 통하여 사회주의 방향으로 변형하는 것을 나타내는 것처럼 보인다. 이러한 제도들의 목적은 경제관계를 중심으로 일어나는 사회적 갈등을 진정시키는 것이다. 다른 말로 하면, 노동력을 자본주의적으로 통합하는 과정은 노동계급이 제기하는 갈등을 설명하고 봉쇄해야 한다. "갈등과 동의는……노동의 자본주의적 헌법화와 사회화의 두 가지 측면이다."[67~8] 자본주의적 생산방식에서는 갈등이 불가피하지만, 자본은 갈등을 자본주의의 틀 안에서 매개될 수 있는 방식으로 재구성해야 한다. 노동계급에 대한 착취와 노동계급의 종속에서 계속적으로 발생하는 실제적 갈등은 그 특수한 발현양태로부터 추상되어 제도체계와 자본주의적 생산관계의 사법틀 안에서 재구성되어야 한다. 네그리가 본 이러한 제노적 매개의 주요한 사례가 집단계약이다. 협상과정에서 노동계급의 대표들은 노동과정에서 생겨난 구체적 갈등으로부터 추상되어, 동등협정에 도달하기 위해 자본과 동등하게 협상에 들어간다. 집단협상은 갈등이 매개되어 합의로 변형될 수 있는 지속적이고 쌍무적인 절차를 제공한다. 노동권 혹은 더 일반적으로 계약을 통한 경제규범의 결정은 사회적 갈등을 형식적으로 해소시키는 것을 나타낸다. 이러한 합의를 통한 사법적 생산과 함께 모든 법률주의의 잔재들과 국가이성의 토대들이 처리된 것처럼 보인다. 노동의 헌법으로의 제도적 병합은 국가의 사멸을 초래한 것으로 보인다. 이것이 자본판版 사회주의이다.

그러나 이러한 협상절차는 고정된 규범성을 취하는 경향이 있다. "집단계약은 한편으로는 계약이고 다른 한편으로는 법이다."[73] 다른 말로 하면, 집단협상은 모든 계약과정의 개인주의적이고 개별주의적인 잔재들을 제거하는 경향이 있다. 집단협상은 점차 갈등의 특수한 지점으로부터 추상되어 제도적 형태를 띠는 막연한 계약절차로 변형되는 것이다. "집단계약에서 규범적 과정을 영구화하는 집단관리가 들어서며, 이 규범적 과정을 보장하기 위해서 산업갈등의 집단적 사법화가 수립되고 그리하여 지속적인 규범적 과정으로의 권력의 통합이 완료되게 된다." 이러한 발전된 절차에서 우리는 형식적 "법노동주의giuslavorismo" 즉 노동권리론의 일반화를 볼 수 있다. 협상절차는 국가에 대한 사회의 우위를 드러내며 법에 대한 사회적 합의의 우선성을 보여준다. 하지만 자본은 계약절차의 사법적 제도화를 통해 안정적인 규범구조를 구축한다. 집단계약은 노동계급의 적대에 대한 효과적인 대응이다. 자본은 사법적 생산과정을 계급들 사이의 갈등의 관점에서 그 지속적 매개로서 제시하며, 그럼으로써 노동력을 헌법화한다. 다시 말해서 노동력을 형식적 지배구조 안에 통합하는 것이다. "국가의 사멸이라는 사회주의적 가설이 일반적 종속에 대한 노동자들의 거부라는 처음의 조건을 잃어버리고 축적을 순전히 사회적 동의에 맡기는 방식의 관리를 하는 자본주의적 유토피아로 변모된다." 집단계약을 사법적 생산의 기초로서 제도화하는 것은 사회적 국가가 어떻게 형식적으로 안정된 모델 — 이는 사회주의의 이미지를 채택하면서 동시에 노동계급적대의 파괴력을 억누른다 — 을 제시해내는지를 보여주는 주요 사례이다.

7. 자본주의적 발전의 변증법

그러나 네그리는 계급투쟁에서 적대가 정적인 제도적 구조로는 진정될 수 없다는 것을 알았다. 노동의 추상적 헌법화가 구체적 노동의 파괴력을 감출 수는 없다. 그는 프롤레타리아의 노동거부가 자본주의적 생산관계를 지속적으로 사보타지할 것이며 사회적 국가는 노동계급의 반란정신을 효과적으로 억누를 수 없다는 것을 알았다. 그는 공장에서의 실천적 정치작업과 노동자와의 실제 접촉을 통해 이러한 사실을 확신할 수 있었다. 그러나 이러한 인식이 비판의 틀에 직접적으로 맞아 들어가는 것은 아니었다. 만약 네그리가 그의 직관을 추구하고자 한다면, 그는 그 직관을 우리가 원래 제기한 맥락, 즉 자본 "자체의 기능과 역량에 비춘" 자본비판이라는 맥락에서 이론화해야 한다.

그렇다면 네그리는 자본의 관점으로 되돌아가서, 케인즈의 생산모델이 자본이 발전을 필요로 함을 충분히 다루지 않기 때문에 자본의 시각에서 보더라도 위기에 대한 적실한 해결책이 될 수 없음을 발견하는 것이다. 「맑스의 순환론과 위기론」[12]에서 네그리는 자본의 기획과 사회적 국가에 대한 분석을 보완하기 위해 슘페터적 케인즈비판을 발전시키기로 한다. 비록 슘페터의 작업이 케인즈의 작업에 시간적으로 선행한 것이지만, 네그리는 슘페터의 관점이 케인즈의 형식적 경제모델의 결점들을 두드러지게 한다고 주장한다. 슘페터는 순환과 위기를 자본주의체계가 기능하는 데 있어서 근본요소이자 발전을 자극하는 주된 요소로 본다. 이러한 관점에서는 안정을 계획하면서 위기를 초래할 수 있는 분열적 힘들을 진정시키려는 케인즈의 전략은 자본 자신의 활력적 동학을 부정하는 것이다. 슘페터에 따르면, 만일 우리가 균형을 이룬 힘들의 형식적인 경제체계를 유지한다면, "우리가 관련

---

12. [옮긴이] 이 논문의 한국어본은 『혁명의 만회』(영광 옮김, 2005, 갈무리)에 수록되어 있다.

되는 수량들의 상호적이고 형식적인 평형에 내재하는 긴장들만을 중시하거나 촉진함으로써 그 경제체계를 따른다면, 기껏해야 우리는 필연적으로 과정의 일반적인 평탄화, 관례화로 끝맺게 될 것이다."[54] 일반적인 경제적 평형으로 노동계급의 위협과 적대를 해결하려는 케인즈의 제안은 자본주의적 생산관계의 혁신적 힘을 무디게 하며 스테그네이션을 낳는다. 위기의 부정은 자본주의적 발전 자체의 부정인 것이다.

따라서 슘페터로부터 취한 네그리의 근본적 통찰은 갈등을 통해 자본이 번영한다는 것이다. 발전은 통제의 정태적 틀 내에서의 자본의 지배로 파악될 수 없으며, 오히려 발전의 열쇠는 자본이 위기를 사용하는 데 있다. 자본은 태만할 수 없다. 기업가적 과정은 지속적으로 관례화와 전투를 벌인다. "중립적 발전이라는 개념 혹은 평형이라는 형식주의적 관점 내에서 승화된 발전이라는 개념은 존재하지 않는다. 발전은 투쟁이다. 발전은 역관계의 재구조화이다. 그리고 발전은 적대적 힘들에 대한 자본의 승리로 끝나는 직접적 갈등 — 위기 — 의 순간을 필연적으로 통과해야만 한다."[55] 다른 말로 하면, 케인즈는 파국을 피하기 위해서 자본이 노동계급의 힘을 포함해야 한다는 것을 전적으로 올바르게 인식하였지만 이것이 계급투쟁의 압박을 단지 억누르는 것일 수는 없다. 자본은 노동계급의 적대라는 자극을 자본 자체의 발전의 변증법 안에 채택해야 하는 것이다. "따라서 완전히 슘페터적 의미에서, 혁신이란 위기를 불러일으키는, 그리고 그럼으로써 이윤의 파괴를 기도하는 적대적 힘들의 행동에 맞서서 경제적 과정을 재활성화하는 건강한 힘이다."[55] 혁신은 자본 안에서 힘들의 재조직화를 불러일으키지만, 또한 노동계급의 힘에 대항하는 효과적인 무기이기도 하다. 1920년대와 30년대 일어난 생산의 대량화와 같은 기술적 변화가 노동계급의 조직화를 파괴하는 것이다.[13] 따라서 자본의 기획은 '위기-혁신-발전'의 변증법적 과정으로 파악되어야 한다. 케인즈에게 발전은 형식적으로 안정적인 체계의 틀 안에서 경제적 힘들을 결합시키는 것이었으며, 질서정연한 발전이 위기의 대안이었다. 네그리가 파악한 슘페터의 견해는 위기를 발전 안에 포함시키며 그것을 순환을 연장하는 데 사용하는 것이다. "발전의 비용은 다시 모아 결합하기 위해 필요한 지속적인 해체이다."[56] 자본은 살아남아 그 혁신적 힘들을 확장하기 위해 주기적 위기라는 대가를 치르는 것이다.

네그리는 계획자국가에 대한 케인즈의 전망을 부정하려

---

13. 맑스는 자본주의가 기술혁신을 무기로 사용한다는 점을 분명히 밝히고 있다. "1830년 이후에 출현하여 오로지 노동계급운동에 대항하는 자본의 무기로서 봉사하는 발명품들의 전(全)역사에 대해 글을 쓸 수 있을 것이다"(*Capital* vol. 1.).

는 것이 아니라 보충하려고 슘페터의 비판을 발전시킨다. 케인즈는 안정적이고 일반적인 합의로 노동계급의 적대를 제거하려는 불가능한 과제를 제안하는 것 같다. 위기와 순환에 대한 슘페터의 이해를 통해 네그리는 자본이 수행하는 더 실행가능한 과제를 인식했다. 노동계급을 변증법적 투쟁 안에 끌어들이고 봉쇄하는 것이 그것이다. 자본주의적 변증법의 신축성이 노동계급의 적대를 수용하고 설명할 수 있다. 이러한 위기와 혁신의 변증법은 가능한 해결책을 제안할 뿐만 아니라, 자본의 기획에 발전의 동학을 부여하면서 계획자국가를 가동시키는 것이다.

8. 자본의 기획에 내재된 긴장

이러한 다양한 시론試論들 전체에 걸쳐서 우리는 네그리의 작업에서 점증하는 긴장을 확인할 수 있다. 네그리는 자본과 그 사법구조에 대한 비판을 비판적 맑스주의의 전통적 방법에 맞추어 즉 자본 자체의 관점과 기능들을 토대로 하여 수행했다. 그는 자본의 기획과 새로운 국가형태의 윤곽을 드러내기 위해 켈젠과 케인즈 그리고 슘페터를 읽었다. 하지만 네그리의 실천적 작업이 비판의 한계를 드러내는 물음을 계속해서 제기하도록 만든 확고한 참조점이 되었다. 비판프로젝트의 중심에 있는 분열된 인격, 이론과 실천 사이의 이원성, 노동계급의 입지점과 자본에 대한 비판의 이원성은 더욱더 긴장으로 충전되어서 이제 긴장은 파열의 지점에 접근하고 있었다. 비판의 토대로서 기능하리라고 생각되는 "노동계급 입지점"은 어떻게 되었는가? 어떤 지점에서 우리는 비판이 적극적이고 종합적인 프롤레타리아 기획에 굴복하는 것을 보게 될 것인가? 다음의 물음들이 네그리의 작업을 늘 따라다니는 것처럼 보인다. 어떻게 우리는 노동계급의 힘을 추상적 힘이자 자본의 통제모델의 변수로 포착하는 것이 아니라 그 모든 분노와 욕망을 지닌 살아 있는 현실성으로서 포착할 수 있는가? 어떻게 네그리는 그 간격을 메울 수 있으며 이론적 작업을 노동자와의 접촉으로부터 나오는 욕구와 희망에 맞출 수 있는가? 이러한 물음들이 주는 압력은 맑스주의적 비판의 틀 안에 쉽게 수용되지 않으며, 오히려 그 이론적 한계를 긴장시킨다.

그럼에도 불구하고 네그리는 계속해서 이론적 논의를 노동계급에 대한 긍정으로 다시 끌어오고자 시도한다. 분석이 그 내적인 논리를 엄밀하게 고려해볼 때 노동자의 힘에 대한 선언들에 실재적 토대를 제공하지 않는 경우조차도 그렇게 한다. 각각의 시론들은 자본주의적 통제구조가 노동계급의 힘을 봉쇄할 수 없으며 노동계급의 정치적 구성이 자본주의의 명령을 파괴할 것이라는 주장으로 끝난다. 그러나 이러한 주장들은 그것들에 선행하는 자본에 대한 경제적·사법적 분석으로부터 직접 나오지는 않는다. 노동자의 힘에 대한 선언들은 텍스트의 이론적 절차의 파열로서, 임의적 격발로서 나타나는 것이다. 이는 엄밀하게 학자적인 관점에서는 확실히 네그리 작업의 취약한 대목들이다. 그는 그의 무한한 "의지의 낙관주의"로 하여금 "지성의 비관주의"에 영향을 미치도록 하기 위해 비판의 코드를 배반했던 것이다. 이러한 미끄러짐은 네그리가 변증법을 다루고 적용하는 데서 가장 잘 드러난다. 실천적 관점에서 정치적 상황을 고찰하면서 네그리는, 핵심적인 과제는 새로운 프롤레타리아 변증법을 발견하는 것이 아니라 노동계급의 힘을 지속적으로 재구성하고 봉쇄하는 자본의 변증법을 깨뜨리는 것일 뿐이라고 주장한다. "변증법은 끝났다. 헤겔은 죽었다. [……] 오늘날 노동자들의 비판은 변증법의 복구가 아니라 충돌의 지형과 형태의 발견이다"["Il lavoro" 110] 그러나 변증법은 네그리의 이론적 발전에서 앞으로 길고도 중요한 미래를 갖고 있기에 이러한 긍정을 어떻게 해석해야 할지 알기는 어렵다. 노동자들의 희망과 힘을 느끼는 실천적 네그리는 변증법이 사망했기를 원하지만, 비판적인 간격을 유지하는 이론적인 네그리는 변증법 없이는 계속할 수 없다는 것을 알고 있는 것처럼 보인다.

그러나 실천적 지평에서는 변증법에 반대하는 것이 일관된 프로젝트이다. 변증법을 깨뜨리는 것은 자본의 계획을 탈안정화하고, 재구성의 메커니즘을 파열점에 이르기까지 밀어붙이는 것을 의미한다. 오페라이스모는 이것을 혁명적 개혁주의 투쟁을 이용하는 정치적 전략으로 실천적 용어들로 옮겨놓는다. 예를 들어 "모두에게 5000을"cinque mila per tutti이라는 슬로건 아래 1960년대에 뽀르또 마르게라 화학 공장에서 수행된 임금투쟁을 생각해보자. 이 전략은 노동계급을 일치된 요구로 통합하기 위해서 고안되었을 뿐만 아니라, 계산된 압력으로 점점 더 자본의 평형을 탈안정화하기 위해 고안된 것이기도 했다. 다른 말로 하면, 그 목적은 자본이 통제력을 회복할 수 없는 파열의 문턱에 도달하기 위해, "합리적인" 개혁주의적 요구들을 통해 점진적으로 압박의 수위를 높이는 것이었다. 자본가의 관점에서 우리는 이것을 "배신의 개혁주의"라고 부를 수 있는데, 노동자들이 유연성의 한계를 발견하여 한 걸음 더 멀리 나가려고 했던 것이다. 노동자들은 임금투쟁과 같은 전통적인 개혁주의 전술 뒤에서 반란의 전략을 유지하고 있었다. 양의 탈을 쓴 늑대인 것이다. 이러한 실천의 맥락에서 네그리는 새로운 구호parola d'ordine, "모순에서 적대로"를 제안한다. 그는 우리가 더 이상 (그 변증법적 지양을 약속하리라 생각되는) 자본주의 사회의 구조적 모순들에 집중해서는 안되고, 노동계급의 적대와 그 자율적 힘의 표현에 집중해야 한다고 주장한다. "모순에서 적대로"는 주체의 개입을 의미한다. 이것은 변증법에 대한 정치적 거부로서, 정치적 논점의 이론적 토대보다는 실천적 토대를 옹호하는, 객관적 토대보다는 주체적 토대를 옹호하는 거부이다.

네그리는 이딸리아의 산업지대 전역에 걸쳐 점증적으로 일어나는 노동자운동에서 노동자의 힘을 긍정하기 위한 토대를 갖게 된다. 그는 커져가는 노동자들의 움직임이 혁명적 기획 — 비판은 제공하지 못한 기획 — 에서 조직화를 긴박하게 요구한다고 믿는다. 「맑스의 순환론과 위기론」의 마지막에서 네그리는 잡지의 편집부에서 사임할 것을 알리며 다른 오페라이스모 지지자들과의 정치적 분리를 알리는 주석을 덧붙인다. 네그리의 작업 내에서 그리고 또한 비판적 맑스주의 전체의 기획에서 긴장이 파열점에 이를 정도로 커졌던 것이다. 폭발만이 남아 있었다. 하지만 중요한 단계들은 이론의 영역에서 진행되지 않을 것이다. "사건은 어떻게 결론지어질 것인가? 여기서 우리가 그것을 말할 수는 없다. …… 오늘날 과제가 불명료할 때에는 오직 실재에 대한 혁명적 비판만이 도움이 될 수 있다. 사물과 사건의 내부로부터의 비판. 그리고 혁명적 투쟁."["Il lavoro" 110]

2장

공장 안으로: 레닌과 주체론적 휴지
(1968~1973)

1. 계획자국가의 위기

2. 자연발생성과 주체성: 레닌적 조직화1

3. 특정한 계급구성: 레닌적 조직화2

4. 레닌의 현대성: 기획적 맑스주의

5. 대중적 전위와 노동자 중심성의 애매성

6. 정치석 폭력괴 테러리즘

논평: 레닌과 니체－주체론적 휴지와 존재론적 휴지

7. 국가를 파괴하는 주체: 레닌과 빠슈까니스

공장 안으로 : 레닌과 주체론적 휴지休止
(1968~1973)

1968년 세계 전역에서 일어난 노동자와 학생들의 투쟁의 강렬함은 모든 사람들을 놀라게 했다. 그러나 여러 면에서 이딸리아는 이례적이었다. 1968년과 1969년에 걸쳐 이딸리아에서는 봉기가 계속적으로 늘었으며 투쟁은 여러 가지 형태로 재편되면서 이후 10년 동안 존속했다. 운동의 상징적 중심들 혹은 시금석들 중의 하나는 1969년 9월의 코르소 트라이아노Corso Traiano에서의 투쟁이었는데 여기서 피아트 노동자들은 격렬한 투쟁으로 뚜린 경찰과 직접 대립하였다. 상황의 심각성은 적어도 1973년까지 지속적으로 커져갔다. 다시금 피아트 노동자들이 상징적 중심을 나타냈다. "1973년 3

월 29일과 30일, 미라피오리Mirafiori에서, 리발따Rivalta에서, 뚜린의 모든 피아트 구역에서, 무기한 파업이 무장 점거로 전환되었다."["Partito" 189] 네그리에게는 "붉은 2년"biennio rosso의 폭발과 이에 뒤따르는 시기들이 놀라운 것이었지만, 이는 오직 그 강렬함과 급박함의 측면에서만 그러한 것이었다. 이는 그의 직관과 희망의 확증으로서 다가왔으며, 직관과 희망을 넘어서 사회변화의 시간표를 극적으로 가속시키는 데까지 내달렸다. 이는 그의 사유에 새로운 생명을 주었고 엄밀한 리듬을 부여하였다. 네그리가 1960년대에 공장에서 맛보았고, 1962년의 피아짜 스따뚜또Piazza Statuto 봉기 이래로 산업노동계급 안에서 성장한 것으로 보이는 "혁명에의 열망"이 사회 전체에 걸쳐서 격렬하게 폭발하였다. <노동자의 힘>Potere Operaio, <투쟁은 계속된다>Lotta Continua, <선언>Il Manifesto 등 노동자들과 학생들을 통합한 무수히 많은 새로운 정치조직들이 나라 전체에서 번성하였다. 사회의 심대한 변화에 대한 요구와 유토피아를 바라는 강렬한 욕망이 당면의 과제를 밀고 나아갔다. 네그리와 그의 동료들은 투쟁과 보조를 맞추고 변화하는 사회적 현실을 읽어내기 위해 서둘러야만 했다. 그들은 러시아 1905년의 이딸리아판을, 즉 어떤 미래 사건의 총연습을 목격한다고 생각하지 않았다. 오히려 이는 혁명의 직접적 서곡인 "4월 투쟁"

이었다.[1] 네그리와 그의 동료들은 대중들의 목표를 진전시키고 새롭게 출현하는 집단행동의 규범을 구축하기 위해 대중투쟁의 방향을 밝히고 그것에 이론적 일관성을 부여하는 것을 지식인으로서의 그들의 역할로 여겼다. 그들은 투쟁의 풍부함 속에서 질서를 찾고자 했다. 게다가 그들은 이딸리아의 이례성에 의해 제시된 예외적 가능성들이 결실로 맺게 해야 할 책임감을 느꼈다. "여기 노동계급이 더 강한 곳에서는 모든 것이 우리에게 달려있다."["Partito" 158] 이 시점에서 네그리와 그의 지식인 동료들은 대학에서 나와 공장 안으로 들어가는 확연한 행동을 취했다.

따라서 우리는 이 시기에 생긴 이론화의 새로운 조건들을 설명하기 위해 네그리 작업에 대한 우리의 독해방법을 수정해야만 한다. 무엇보다도 우리가 그와 그의 동료들이 느꼈던 강렬한 흥분과 긴박함을 인식하는데 실패한다면, 여기서 가치있는 것을 분명히 놓치게 될 것이다. 이러한 저술들에는 우리가 명심해야만 하는 두 가지 주요한 측면, 즉 집단적 목소리를 향한 그들의 염원과 그들의 정치적 직접성이 있다. 20년의 거리가 있는 우리에게는 부풀려진 수사법과도 같이

---

1. [옮긴이] 4월 투쟁(April days) : 러시아 혁명의 역사에서, 대중들의 요구가 지도부들보다 앞서 나가고 프롤레타리아의 볼셰비끼 지지가 확연해졌으며, 그리하여 10월 혁명의 기초를 다진 1917년 4월의 일련의 투쟁을 말한다. 스위스에 있던 레닌은 1917년 4월 16일 러시아에 돌아왔다.

보일 수 있는 이것들이 운동에서 실제적 조직화의 기능을 하였다. 네그리의 작업은 슬로건들 혹은 "구호들"로 가득하다. 그것들 중 몇몇은 그가 창안한 것이고 다른 것들은 그가 정치적 담론의 흐름으로부터 채용한 것이다. 이것의 목적은 한편으로는 그의 주장을 운동에서 일반적으로 이해될 수 있는 형태로 제시하여 실제적 투쟁에 효과적으로 기여하는 것이며, 다른 한편으로는 이러한 담론과 그것의 실천적 과제에 진정한 실체와 견고한 이론적 토대를 부여하는 것이다. 네그리는 운동에서 지식인으로서의 역할을 분명히 의식했었고 이에 따라 운동에 일반적인 주요 용어들과 생각들을 — 일관된 이론적 틀에 위치시키고 평가하기 위하여 — 그 자신의 담론에 통합시키려 하였다. 많은 측면에서 네그리는 사회운동의 급속한 물살 속에서 그의 머리를 수면 위로 내놓고자 했을 뿐이다. 그의 글들은 각주가 완전히 사라지는 데서 보듯이 학술적 어조와 형식성을 버리게 된다. 오히려 그 글들은 정치 강령의 집단적 목소리를 염원하고, 지속적으로 "우리의 직접적 과제"를 제안한다. 이러한 유형의 작업에 개인적인 이론적 시도에 부여되는 독창성과 같은 종류의 독창성이 인정될 수는 없다. 여기서 독창성은 주로 대중의 지성을 독해하고 그것을 정치적으로 효과적인 형태로 번역하려는 노력에 있는 것일지 모른다. 네그리는 투쟁의 힘의 일부를 그 자신의 목소리에 흡수하려 했다. 그러나 상이한 사유노선의 계보학을 풀어내고 언제 네그리가 독창적인 제안을 내놓고 언제 일반적으로 수용되는 견해를 반복하는가를 확증하기 위해서는, 이 시기에 대한, 다양한 조직들의 이론적, 실천적 활동들에 대한 폭넓은 역사적 연구가 필요할 것이다. 무장투쟁이라는 이슈는 아마도 이와 관련하여 (특히 범죄성의 문제에 관심을 갖는 사람들에게는) 가장 중요한 것이긴 하지만 그것은 또한 가장 복잡한 것이기도 하다. 적실한 분석은 확실히 폭넓은 역사적 연구를 요구할 것이다. 그러나 그러한 연구는 우리의 범위를 벗어나며 미래의 작업에서 다루어야 할 것이다.

우리가 고려해야만 하는 이 시기 네그리 작업의 또 다른 측면은 그 정치적 직접성이다. 정치운동의 지평이 지속적으로 유동적인 상태에 있는 것처럼 보였으며 각각의 사건이 새로이 긴박성을 더했다. 네그리의 텍스트들에는 그것들이 집필된 해 뿐만 아니라 달 또한 기입되어 있다. 네그리는 사건들을 일어나는 대로 해석해야할 필요를 느꼈다. 예를 들어, 1971년 9월에 그는 <노동자의 힘> 제3차 조직대회를 위해서, 단지 한 달 전인 8월에 통과된 닉슨의 달러불태환 조치를 해석하는 「계획자국가의 위기」라는 문건을 준비했다. 시간은 짧았고 네그리는 그의 글이 이러한 긴박성을 반영한다는 점을 알고 있었다. "이 글의 취약함 — 그것은 조직의 문제에 너무 직접적으로 연결되어 있으며 그리고 정치적 논의의 우연성에 가까이 있으려는 시도에 있어서 아마도 너무 논쟁적이고 요약적이라는 사실 — 이 미덕으로 판명될 수 있다. 만약 조직된 혁명적 실천이 현실을 과학적으로 이해하는 유일한 방법일 뿐만 아니라 그 현실을 더욱 가깝게 하는 유일한 방법이라면 말이다."["Crisis" 96] 네그리는 이론적 담론을 절박한 실천적 요구에 종속시키려하며, 그래서 학적 엄격함을 잃지만 현실 세계에서 구체적 중요성을 얻게 된다.

이 시기 동안의 네그리의 새로운 이론적 접근법은 맑스주의적 틀을 다시 만들려는 시도로 읽힐 수 있다. 비판적 맑스주의로부터 "기획적 맑스주의projective Marxism"라고 내가 부르는 것으로의 이행인 것이다. 우리는 앞에서, 비판적 맑스주의의 틀 안에서는 프롤레타리아의 적극적 기획이 항상 자본에 대한 비판에 종속된다는 것을 주장했다. 그 기획은 자본의 변증법적 지양에 대한 비판의 결과로서 오직 미래에만 일어날 수 있다. 이러한 변증법적 맥락의 외부에서 그 기획을 현재에 제시하는 것은 비판이론에게는 단지 유토피아적인 생각으로 비춰질 것이다. 만약 이전에 네그리가 이러한 비판적 입장이 문제적이라는 것을 보았다면, 1968년 이후에 이 비판적 입장은 완전히 유지될 수 없는 것이 되었다. 그는 1968년 이후에 일어난 투쟁을, 객관적 틀 외부에서 정치적 기획을 자기 나름으로 요구하는 노동계급 주체성의 출현 혹은 성숙화로 경험했다. 여기에서 자본에 대한 객관적 비판은 노동계급의 주체적 욕구와 욕망에 종속되어야만 한다. 비판 자체로는 결코 성취할 수 없는 도약을 하는 데는 새로운 접근법이 필요했다. 네그리에게 레닌은 맑스주의에 대한 상이한 접근법을 발전시키는 데 필수적이며 동시대의 욕구에 더 적실한 통찰을 제공하는 것처럼 보였다. 사회적 투쟁의 폭발과 맑스에 대한 레닌의 독해가 네그리에게 완전히 반﬈알튀세르적인 접근법을 제공했다. 만약 맑스의 청년기와 성숙기의 분리를 특징짓는 인식론적 휴지休止가 있다면, 이는 혁명주체의 (소멸이 아닌) 현실적 등장으로 이루어지며 "분석이 기획이 되기 위해 기존의 현실로부터 스스로를 해방시키는" 순간일 것이다.[102] 네그리에게 중대한 시기는 인식론에 관련되기 보다는 주체성과 관련된다. "맑스의 사유의 진화는 '주체 없는 과정'에서 끝나는 게 결코 아니고, 무엇보다도 혁명주체의 조직화된 실재를 항상 밀접히 따라간다."[103 note] 네그리 사유에서는, 레닌적 관점과 노동자 운동의 점증하는 압력이 주체론적 휴지로 특징지어진다.

1. 계획자국가의 위기

우리가 네그리 사유에서 비판적 맑스주의의 방법에 의문을
갖게 만든 충분한 원인 — 주된 것으로서, 비판의 과정에서 주체
적인 노동계급 입지점에 중심적 역할을 부여하지 못하는 것 — 을
이미 발견했을지라도, 우리는 네그리가 이러한 비판적 분석
을 이 이론적, 정치적 위기의 시기 내내 추구했다는 점도 발
견하게 된다. 네그리의 생각에서 비판적 맑스주의의 위기가
의미하는 바는 비판적 맑스주의가 부정되어야만 한다는 것
이 아니라 단지 방향을 전환하여 그 주장을 상이한 맥락에
정초해야 한다는 것이다. 이전의 시기에는 프롤레타리아의
기획이 자본에 대한 비판에 종속되었지만, 이 시기에는 비판
이 기획에 종속되는 것을 보게 될 것이다. 우리는 이러한 전
도의 특수한 형태를 나중에 볼 것이다. 그러나 당분간 네그
리는 1968년에 시작한 투쟁의 새로운 순환의 결과로 출현한
힘의 새로운 관계들을 우선 초기의 작업에서 전개된 국가와
자본에 대한 비판과 동일한 틀 내에서 정의하고자 한다. 다
시 한 번 과제는, 국가형태와 자본주의적 통제체계의 변경을
자본이 자본 자신을 독해한 것에 기초한 비판을 통해 정의하
는 것이다.

　　네그리가 주장하듯이, 국가는 케인즈의 경제원리에 기초

한 계획자국가에서 "위기국가"로 이동했다. 네그리가 위기국가라는 말로 의미하는 바가 자본이 붕괴 직전이라는 것은 아니다. 이 위기에는 파국적인 것이 전혀 없다. 그는 단지 자본주의국가가 이전에는 대량산업발전의 길을 닦은 안정전략(생산정책, 시장정책, 통화정책 등)을 포기했다는 것을 말하고자 할 뿐이다. 그래서 이러한 재구조화는 대량생산에 새로운 문제를 제기하였을 뿐만 아니라, 계획이라는 사회계약을 종식시키고, 통제수단이자 합법화수단인 제도화된 집단협상을 통해 노동계급과 상호작용하려는 자본의 시도를 종식시키기도 하였다. 그러나 이러한 '신자유주의' 국가의 도래는 경제적, 사회적 개입주의의 축소를 의미하는 것이 아니라 반대로 사회적 노동력의 확대와 사회적 공장에 대한 국가통제의 강화를 의미하는 것이다. 위기국가를 특징짓는 새로운 요소는, 국가가 자본과 노동의 직접적 관계의 바깥에서, 발전을 조절하는 대리자로서 새로운 정도의 자율성을 얻는다는 점이다. 이러한 변화의 경향은 집단적 자본의 대표자인 국가와 노동계급 사이에 유기적 매개관계가 사라진다는 것을 시사한다. "그래서 노동과 노동에 대한 명령 사이의 분리와 일방성이 극단에 이른다. 국가는 단지 체계 전체의 생존을 위해 자신의 명령의 자유를 강화하고 관리하는, 위기국가 형태만을 취할 수 있다."["Crisis" 119] 그렇다면 위기는, 노동과 자본 사이에 유기적 관계를 제공했던 경제적 조직화와 사법적 조직화라는 이중적 과정이 포기되는 만큼 자본주의적 발전과 지배의 정상적 조건이 된다.

네그리는 국가형태가 바뀌었다는 명제를 화폐의 기능과 국가의 통화정책 사용에 관한 분석으로 입증한다. 이 분석은 『정치경제학 비판 요강』(이하 『요강』)의 「화폐에 관한 장」[115~238]을 다시 독해한 데서 영감을 받은 것이었는데, 네그리는 가치생산과 정당화메커니즘 사이의 관계를 탐구하기 위해 이 대목을 당대의 상황과 연관시키고자 한다.[cf. "Partito" 107~22, "Crisis" passim.] 화폐는 자본주의체제에서 일반적 등가물로, 노동과 자본의 교환에서 매개의 형식으로 제시된다. 그러나 자본주의적 발전의 일반적 경향은 화폐가 교환가치의 보편적 표상으로서의 매개기능으로부터 자유롭게 되어 생산과 지배의 직접적 힘으로 작용하는 것이다. 네그리는 달러를 금으로부터 분리시킨 1971년 닉슨 조치를 이러한 이행에 있어 전형적인 지점으로 읽는다. 환율의 국제적 안정은 계획된 대량생산에 필요한 안정된 시장을 보장하는 데서 중요한 역할을 해왔다. 표준화된 외환정책을 포기하겠다는 결정은, 케인즈적 계획자국가의 중요한 실존조건들 중 하나인 안정된 외환시장을 붕괴시킨다는 점에서 계획자국가의 쇠퇴의 조짐이다. 화폐의 변화하는 역할은 가치형태

자체에서 일어나는 변화를 시사한다. 계획자국가는 네그리가 "가치법칙"이라고 부르는 것에 토대를 두는데, 가치법칙은 생산적 노동과 자본 사이의 일반적 등가와 동등성을 보여준다. 우리가 앞에서 보았듯이, 노동은 자본주의헌법을 통해 가치의 독특한 원천으로서, 따라서 권리의 근본규범으로서 제시된다. 노동조합과 국가의 매개를 통한 집단협상과 대화가 가치법칙과 그 안정성을 위한 제도적 토대를 제공한다. 화폐시장을 탈안정화하겠다는 결정은 일반적 등가인 화폐의 매개기능을 물음에 부칠 뿐만 아니라, (노동력을 판매하고, 권리를 확립하는 등의) 국가와 노동조합의 매개기능도 물음에 부친다.["Crisis" 139] 그렇다면 통화정책의 변화는 그보다 더 광범한 것으로서, 생산과정을 탈안정화하고 명령관계의 확립된 정당성을 물음에 부치는, 가치법칙의 위기를 시사할 따름인 것이다.

앞에서 우리가 고찰한 오페라이스모의 교의들에 맞추어, 네그리는 노동자들의 운동이 발전을 자극시킨다고 볼 때에만 자본과 자본주의국가의 이러한 변화들을 이해할 수 있다고 주장한다. 자본은 결코 스스로 전진하지 않는 것이다. 우리는 (네그리의 전형적 도식을 빌어서) 1917년이 자본을 1929년으로 밀어붙여 1930년대의 계획자국가로 발전하도록 강제했듯이, 1968년의 압력이 1971년의 통화변화와 1970년대의 위기국가의 발전을 가져왔다고 말할 수 있다. 다시 한 번 자본은 노동자들의 위협을 '자본주의적 구조화 → 노동자의 탈구조화 → 자본주의적 재구조화'라는 변증법적 진보의 연속성 안으로 포섭함으로써 자신의 통제구조를 회복하고자 한다. 엄밀하게 금융적인 관점에서 보았을 경우에, 자본주의적 계획과 협상으로 기획된 사회적 평화와 구조적 안정이라는 환상을 "노동자들의 임금공격이 깼다." 임금에 대한 요구는 통화안정의 기초를 침식하고 자본을 통제의 경계 안에서 균형을 유지할 수 있는 한계에까지 밀어붙인다.["Partito"] 그러나 다시 한 번 말하자면, 상황은 더 넓게 즉 가치의 관점에서 제시될 때 잘 이해된다. 개별 고용주들에 대항하는 임금요구뿐만 아니라 집단적 자본과 국가에 대항하는 사회적 생산과 재생산의 통제에 대한 요구도 지배의 대리자인 계획자국가를 해체시키는 데 복무한다. 조직된 산업노동계급이 투쟁의 새로운 순환으로 위협을 가했기에 자본은 안정화 기획을 포기할 수밖에, 스스로를 보호하기 위해 지배형식을 파괴할 수밖에 없었던 것이다. 다른 말로 하면 자본은 노동을 가치의 유일한 원천으로 삼는 입장을 포기해야만 했으며, 노동계급의 효과적인 조직화와 전투를 벌이기 위해 노동을 "탈가치화해야"devalorize만 했다. 그렇다면 자본의 탈통화화demonetarization는 노동의 탈가치화와 병행된 것이었다. 실제 현실에서 이는 기술혁신, 중공업의 더 나아간 기계화와 컴퓨터화로 이루어지는, 따라서 가공할 적이 되어버린 대중노동력의 분산으로 이루어지는 새로운 시대의 시작을 의미한다. 노동계급의 위협에 맞서 싸우기 위해, 노동계급 조직화의 조건들을 파괴하기 위해, 자본은 대량생산에서 초점을 산 노동으로부터 죽은 노동으로 옮겨야 했고, 그리하여 이윤율의 하락을 감수해야만 했다.[2] 대량생산구조의 위기는 재구조화를 위한 새로운 자본주의적 기획의 개막을 알리는 것이다.

1970년대 초가 자본주의적 생산조건과 국가의 역할에서 전환점이 된다는 네그리의 명제가 그것이 처음 제안되었을 때에는 급진적이거나 논쟁적으로 보였을 지라도 오늘날에는 더 이상 그렇지 않다는 점을 우리는 주목해야 한다. 사실 변형의 이러한 초창기에 보인 네그리의 직관은 현대 경제학자들에 의해서 광범위하게 확인되었다. 오늘날 1970년대 초를 대량생산을 위한 조건이 파괴되고 자본이 새로운 토대를 찾

---

2. 여기서 네그리는 고전적 맑스주의의 주장을 제시한다. 잉여가치는 맑스의 견해로는 오직 산 노동으로부터만 추출될 수 있다. 노동자의 산 노동이 점점 더 기계류로 대체될수록, 자본은 잉여가치를 추출할 재원이 감소하는 일에 직면하게 될 것이다. 그래서 자본은 (더 높은 생산성 혹은 더 낮은 임금을 통해) 산 노동의 이 감소된 재원이 생산하는 잉여가치의 비율을 증가시키거나, 아니면 이윤하락을 감수해야 한다. 네그리의 설명에 대해서는 "Partito operaio contro il lavoro"(「노동에 반대하는 노동자당」) 107~115 참조.

기 시작한 시기로 해석하는 것은 표준적인 것이 되었다. 예를 들어 『두 번째 산업시기』The Second Industrial Divide에서 찰스 쎄이블Charles Sabel과 마이클 피올Michael Piore은 자본주의적 관점에서 그와 같은 시기구분을 제안한다. 비록 그들이 현대를 위기국가의 시기로 부르지는 않지만, "유연한 생산"에 대한 그들의 제안은 분명 네그리 분석의 몇 가지 특징들을 공유하고 있다.[3] 그러나 집단적 자본과 국가에 대한 이러한 분석은 여전히 비판이론의 객관주의적 접근법 때문에 한계를 갖고 있다. 즉 정치경제학비판이 현실 속의 노동계급을 아직 구체적 주체로서 적실하게 설명할 수 없었던 것이다. 오페라이스모의 비판적 접근법이 노동계급을 자본주의발전의 자극제로 제시한다고 하더라도, 이는 단지 계급을 추상적 형태로 포착한 것일 뿐이다. 더 정확하게 말하자면, 정치경제학비판은 노동계급을 주로 착취의 대상으로서만 인식했으며, 힘의 주

---

3. 물론 쎄이블과 피올이 네그리의 저작을 읽었다는 말이 아니라, 단지 그들이 이 자본주의 재구조화라는 종합국면에서 동일한 조건들을 해석하고 있다는 말이다. 쎄이블과 피올은 미국 자본이 여전히 대량생산의 종말을 애도하며 정체성의 위기에 빠져있다고 주장한다. 그들이 가장 전망있는 것으로 발견한 새로운 모델은, 이딸리아의 모델이며 상대적으로 소규모인 산업들에서의 유연한 생산이 가져온 최근의 경제호황에서 온 모델이다. 오페라이스모의 교의에 따르면 이딸리아는 이러한 새로운 모델을 다른 국가들보다 빨리 발전시켰다고 할 수 있는데, 이는 이딸리아가 1970년대에 사회투쟁으로부터 오는 강력한 압력들에 직면했기 때문이다. 그러나 이 명제를 입증하기 위해서는 광범위한 연구가 필요할 것이다.

체로 제시하는 데에는 결코 충분히 성공하지 못한 것이다. 그러나 이딸리아의 강렬한 정치투쟁이 네그리로 하여금 비판 너머에서 노동계급의 주체성을 이론의 중심에 두는 접근법을 발견하도록 했던 것이다. 네그리는 '정치경제학비판으로부터 조직화론으로'라는, 이론을 위한 논점을 제안한다. 혁명의 행위자로서 프롤레타리아의 힘을 효과적으로 이용했던 레닌이 이 과제의 분명한 안내자였다.

2. 자연발생성과 주체성 : 레닌적 조직화 1

레닌 연구는 어느 정도로는 시간의 정치적 긴급성과 전투적 활동가들 사이에 공통된 담론 때문에 네그리에게 부과되었다. 그는 1979년 후반 감옥에서 이뤄진 인터뷰에서, 그의 지적인 궤적에 있어서 이 단계를 다음과 같이 설명한다. "내가 보기에 레닌주의는 이딸리아 프롤레타리아의 정치적 구성을 위해 치러야 할 대가代價인 것만 같았습니다. 레닌주의를 통하지 않고서 정치에 대해 말할 방법은 없었습니다 …… 그것은 계급의 공통어였습니다. 그것이 당신에게 문제를 일으킬 수 있었더라도 오직 그것을 사용함으로써만 (다른 누가 아닌) 계급과 함께 전진할 수 있었습니다."[interview with G. Bocca 166] 레닌주의는 운동문화의 일부로서 공기처럼 퍼져

있었다. 그러나 아마도 그가 범죄자로 고소될 수 있다는 압박을 느꼈기 때문에, 네그리는 분명히 여기에서 그 실정을 과장하고 있다. 비록 처음에 그는 레닌을 끌어들일 수밖에 없다고 느낀 것이 사실이지만, 레닌과의 대면은 대단히 생산적인 것으로 입증되었고 네그리 사유의 발전에서 중요한 역할을 하였다. 레닌에 대해서 유보를 두었음에도 불구하고, 네그리의 분석은 당대의 투쟁에 이미 살아있고 투쟁의 중심적인 정치적 문제들에 대해서 말할 수 있는 레닌을 살려 냈다. 게다가 아마도 더 중요한 것은 레닌이 맑스를 독해하는 새로운 관점과 맑스주의의 지적 시도를 위한 새로운 제안을 네그리에게 제공했다는 점이다. 그러나 레닌의 사유를 열렬하게 전유하는 가운데에서도 네그리는 예의 유보를 계속 유지하고 있는데, 이는 운동에 공통적인 "레닌주의"의 (특히 전위와 전투적 조직들의) 상이한 제안들에 대한 간접적인 논쟁으로 표현된다. 우리가 분명 자칫하면 잘못 이해할 수도 있는 까다로운 논점을 다루고 있기는 하지만, 네그리가 응답하는 실제적 압력과 욕구에 비추어 네그리의 입장의 미묘한 차이들을 가능한 한 예민하게 이해해 보도록 하자.[4]

---

4. 여기 네그리의 레닌 연구에서, 우리는 앞서 언급했던 역사적 해석의 난점들을 모두 발견하게 된다. 분명 네그리는 일관된 목표들을 향해서 전투적 활동가들의 목소리와 분석을 전유하고자 한다. 운동에 일반적으로 확산되어 입장들로부터 네그리 개인의 입장을 분리해 내려면, 광범위하고 상세한 역사적 연구가

우리가 살펴봤듯이 이론이 다루어야 하는 중심적 물음은 주체성에 대한 것이다. 계급투쟁의 압박이 주체성을 의제의 선두에 오게끔 강제한다. 비판적 접근법은 노동계급의 현실적 주체성을 결코 적실하게 다룬다고 할 수 없다. 자본에 대한 비판은 스스로를 노동계급 입지점과 통합하여 프롤레타리아를 사회변혁의 실질적 동인으로 인식하는 데에는 결코 성공하지 못하는 것이다. 우리가 이딸리아의 맥락에서 그리고 네그리 사유에서 살펴본 비판이론은 계급투쟁을 주로 객관적 형태로 제기하며 사회발전을 변증법적 동학을 통해 드러낸다. 그러나 투쟁의 새로운 순환의 폭발로 인해, 노동계급을 직접적이고 효과적인 사회변화의 동인으로 인식하는 것이 요구되었다. 네그리는 이 물음을 특수한 정치적 관점에서 제기한다. "오늘날 이러한 특수한 위기에 있어서 단순히 착취의 대상이 아닌 힘의 주체로서의 노동계급이란 무엇인가?"["Partito" 105] 비판이론은 노동계급을 착취의 대상으로, 혹은 더 정확하게는 자본주의적 지배의 복합적 메커니즘 혹은 장치[5]를 통해 구성되어진 주체로 인식하기 위한 효과

요구된다. 우리는 단지 네그리의 논쟁들이 맞추고 있는 초점과 그의 주장의 방향을 가능한 한 잘 인식하면서 논의를 진행해가고자 할 뿐이다.

5. 나는 여기서 푸꼬가 사용한 "dispositif"에 준거하고자 하는데, 그에 상응하는 영어 단어는 찾기 어렵다. 『감시와 처벌』 영어본(*Discipline and Punish*)의 번역자는 "mechanism"을 선택했는데, 『성의 역사』 영어본(*The History of Sexuality*)에서는 "deployment"가 사용되었고, 『권력/지식』 영어본(*Power/Knowledge*)에서

적 도구이다. 레닌은 네그리로 하여금 주체론을 무대의 중심으로 가져오며, 노동계급을 힘의 주체 — 사회를 재창조하고 관리할 수 있는 주체 — 로 파악하는 것을 도와준다.

　네그리는 레닌의 주체론을 그의 노동계급 조직화론 안에서 읽었다. 혹은 더 정확하게는 그것을 노동계급의 정치적 구성에 대한 분석으로부터 조직화론으로의 이행 안에 위치시켰다. 네그리에 따르면 노동자의 주체성과 그들의 자연발생적 행위가 레닌적 조직화의 가장 중요한 부분을 구성한다. 그러나 우리는 처음부터 네그리의 레닌이 흔히 제시되는 레닌이 아니라는 점을 인식할 수 있다. 예를 들자면 어떻게 우리가 이러한 노동자 주체성의 고양을 소위 "레닌주의적 반대"6 — 조직화론이 주로 노동계급의 구성에 준거하는 것이 아니라 자본의 지배체제에서 가장 약한 고리들에 대한 정의에 준거해야 하는 것 — 와 조화시킬 수 있겠는가?["Partito" 105] 전통적인 레닌주의 교설은 혁명적 조직화의 토대를 노동자 주체성론에 두지 않고 정치경제학비판에 두었다. 레닌주의적 주체론이라는 네그리의 명제는 일견 유명한 "레닌주의적 반대"와

는 "apparatus"가 선택되었다. 나는 "dispositif"를 물질적 구성요소와 비물질적 구성요소가 협력적으로 작동하는 메커니즘(mechanism) 혹은 장치(apparatus)로 정의하고자 한다.

6. [옮긴이] 레닌주의적 반대(Leninist objection) : 레닌주의자들이 주로 객관주의에 기초하여 다른 노선들 — 레닌주의자들이 주로 주관주의, 주의주의 등으로 규정하는 것들 — 에 반대하던 것을 말한다.

직접적으로 모순되는 것처럼 보인다. 그러나 우리는 이것이 레닌의 사유 문맥에서 잘못된 반대로 드러남을 발견할 것이다. 정치경제학비판은 단지 그것이 노동계급 주체성론 안에서 사용되어질 경우에만 (그래서 그것에 종속될 경우에만) 레닌에게 의미를 갖는다. 사실 네그리에 따르면, 레닌의 사유를 맑스주의적으로 분석하지 않는다면 그리고 그 사유의 발전을 특수한 역사적·정치적 시기들을 죽 따라가면서 추적하지 않는다면, 위와 같은 딜레마들에 끊임없이 직면하게 될 것이다. 다른 말로 하면 맑스에 대한 레닌의 독해를 제대로 이해하기 위해서는, 먼저 레닌에 대한 맑스주의적 독해를 추구해야하는 것이다.

네그리는 레닌의 이론적 발전을 세 시기로 나눌 것을 제안한다. 1) 노동계급의 정치적 구성에 대한 분석(1890~1900), 2) 당의 조직화(1900~1910) 그리고 3) 국가의 파괴(1910~1917). 처음의 두 시기에서 네그리는 주체론에 대한 두 가지 보완적 접근법을 확인하게 된다. 첫 번째는 주체의 자연발생성에 대한 것이고, 두 번째는 주체의 수용성에 대한 것인데, 첫 번째는 노동자들의 조직화로 이르는 주체적 경로가 되고 두 번째는 객관적 경로가 된다. 우리는 많은 점에 있어서 주체론의 완료를 구성하는 세 번째 시기에 대한 우리의 연구를 뒤로 미룰 것이다. 『민중의 벗이란 무엇인가』*What are the Friends of the People*, 『러시아에서의 자본주의의 발전』*The Development of Capitalism in Russia*과 같은 저작들을 포함하는 첫 번째 시기는, 레닌의 "특정한 사회형성체"determinate social formation 개념의 발전을 중심으로 한다. 네그리에 따르면 이 개념은 레닌이『자본론』을 이론적으로 번역한 데서 본질적 요점이 된다. 맑스주의 사회학은 "사회적 관계를 생산관계로 환원하고" 그리하여 특정한 사회형성체를 식별해냄으로써 사회의 본질적 구조를 인식한다.[*Fabbrica* 16] 그렇지만 우리는 이러한 자연주의적이고 객관주의적인 정식화에 의해 오도되어서는 안된다. 현대의 문화가 전적으로 이러한 용어법에 의해 점철되어 있지만[16~17], 초기의 레닌은 "특정한 사회형성체"에 대한 논의를 노동계급의 구성을 탐구하고 혁명주체의 성격을 분별하기 위한 틀로 활용한다. 네그리에 따르면 특정한 사회형성체에 대한 레닌의 분석은 노동계급의 실제적 조건과 행동에 대한 탐구를 포함하는데, 이는 우리에게 실제적인 노동계급 입지점을 확인시켜준다. 그는 노동계급을 혁명주체로 해석할 수 있게 하는 방향으로 사회적 분석을 해내고자 한다. 네그리가 보기에는 노동계급 주체성에 대한 이러한 이론적 접근법이 레닌의 맑스주의를 이해하는 열쇠이다. "맑스주의에 대한 레닌 독해의 독창성은 바로 (특정한 사회형성체라는 개념 위에서 구성되게 되며 멈출 수 없는 경향적 과

정의 동력으로서 실재화되는) 노동계급 개념을 중심으로 하여 명료하게 된다."[19] 레닌은 노동계급을 성숙한 주체로서 이론 속으로 가져온다.

네그리는 레닌에 대한 이러한 해석을 레닌의 1890년대 주요 저작들을 독해함으로써 구체적으로 입증한다. 이러한 저작들에서 우리는 레닌의 주체론(따라서 혁명적 조직화론)의 기반을 노동계급의 자연발생적 행위에 대한 레닌의 분석 안에서 발견한다. "그 시기의 레닌의 독해에서 눈에 띄는 첫 번째 요소는 자연발생성에 대한 열광이다. 이 열광은 가끔씩 나타나는 것이 아니라 항상적이며 체계적이다."[20] 레닌은 러시아 고숙련 노동자들이라는 선별된 집단의 강렬한 전투성을 목격했고, 이러한 자연발생적 경제투쟁의 정치적 중요성을 알아보았다. 레닌은 노동계급의 구성과 행위에서 특정한 사회형성체를 읽었다. 노동자들의 투쟁은 그것이 조직화의 관점에서 볼 경우 얼마나 미성숙하든지 간에, 언제나 정치적 직관을 발하고 정치적 목표를 암시한다. "모든 경제투쟁은 정치투쟁이다."[20] 노동자들이 투쟁은 항상 실재적인 정치적 내용을 발현하고 나아가 경제적 소요와 노동자들의 자연발생성은 어떠한 프롤레타리아 정치프로그램을 위해서도 필수적인 토대를 제공한다. 이러한 고숙련 노동자들의 강렬한 투쟁, 엘리트 노동력의 발전된 의식이 이미 강력한 조직화의 특징들을 미리 나타내준다. 경제주의와 자연발생주의spontaneism – 정통파 "레닌주의" 전통은 이러한 사고들을 공격하겠지만, 네그리는 이것들을 1890년대 레닌의 작업의 출발점으로 본다. 자연발생성은 노동계급 주체성의 출현이며 이러한 대중의 자연발생성의 긍정이 레닌적 조직화의 첫 번째 계기이다.

그러나 뒤따르는 십년 동안에는, 특히『무엇을 할 것인가?』에서, 레닌의 이론은 직접적으로 정치적 수준으로 도약한다. 그는 이 두 번째 시기에는 "자연발생성에의 복종"을 거부해야만 한다고 주장한다. 다른 말로 하면 그는, 경제투쟁영역을 넘어서고 대중의 자연발생적 행위를 넘어서는, 정치적 투쟁과 조직화의 특수성에 초점을 맞춘다. 정치적 지도력에 대한 이러한 제안은 1890년대 레닌의 작업의 정신과 직접적으로 모순되는 것으로 나타난다. 그러나 네그리는 이 새로운 요소를 초기 입장의 연속으로, 이론적 보완으로 읽는다. 정치의 특수성이 레닌적 조직화의 두 번째 계기를 특징 짓는다. "경제투쟁은 정치투쟁이라는 주장을 완전하게 하는 것만이 정치투쟁은 경제투쟁만은 아니라는 두 번째 근본적인 주장로의 도약을 결정할 것이다."[22] 만약 첫 번째 계기인 노동자들의 경제투쟁과 대중의 자연발생성이 혁명적 조직화에 대한 직관을 구성한다면, 두 번째 계기인 정치적 지도력과 자율적 정치조직화는 그것의 확증이다. 혹은 더 정확하게 말하자면, 첫 번째 계기가 노동계급 주체성에 대한 긍정이라면, 두 번째 계기는 그 긍정에 대한 긍정이다. 노동자들의 경제투쟁에서 표현된 수직적 형태, 즉 노동자들 사이의 위계적 관계는 당이라는 제도 안에서 형식화된다(혹은 힘으로 고양된다). 그렇다면 우리는 『무엇을 할 것인가?』에서 "자연발생성에의 복종"에 대한 레닌의 공격을 어떻게 해석해야만 하는가? 노동계급의 자연발생적 운동의 구체성을 고수하는 것이 가장 중요한 것일지라도, 몇몇 지점에서는 정치적 방향을 제시하는 질적 도약, 즉 개별적인 것으로부터 일반적인 것으로의 도약이 있게 마련이다. 그러나 이러한 도약은 조직화의 연속적 발전 안에 있는 도약이라고 네그리는 주장한다. 대중의 자연발생성이 조직되어야 한다는 초기의 직관이 의식의 수준으로 고양되었다는 것이다. "조직화는 스스로에 대해서 생각하는 자연발생성이다."[27] 의식적인 정치적 지도력이 부과하는 방향은 노동계급의 행위로 태어난 기획을 필연적으로 완수하는 것이다. "사실 조직화는 자연발생성의 확증이며 그것의 정련이다."[27] 정치적 지도력은 대중의 주체성을 진리의 수준에로 끌어올리고 노동계급에게 내적인 정체성을 부여하는 것이다.[7] 네그리는 레닌적 당이 공장을 모델로 하고 있다고 주장한다. 그것은 노동자들의 자연발생적 주체성이라는 원료를 취하여 그것을 일관적이고 전복적인 무기로 변형시킨다.[29~30] 이러한 레닌적 조직관은 그것의 경계를 규정하는 두 입장에 대한 함축적 비판이다. 한편에서 그것은 자연발생적 투쟁에서 노동계급의 주체성을 알아보지만 그것의 특수한 정치적 조직화를 거부하는 무정부주의적 조합주의 대한 비판이고[43], 다른 한편에서 그것은 대중의 자연발생성에 확고하게 기초하지 않은 채 혁명적 조직화를 제시하는 모든 시도들에 대한 비판이다.

3. 특정한 계급구성 : 레닌적 조직화 2

레닌의 주체론의 역설은 두 조직화 계기의 완벽한 동일성에 있다. "맑스적 의미에서 조직화는 항상 계급의 자유로운 활동을 드러내야 하며, 여기서 예시가 가능하다."[60] 이러한 예시의 논리는 무엇인가? 레닌과 네그리로 하여금 대중의 자연발생적 표현이 직접적으로 정치지도자의 의식적 프로그램과 관련될 것이라고 믿게끔 만든 것은 무엇인가? 이에 답하기 위해서 우리는 주체의 "자연발생성"을 지탱하는 객관

---

7. 우리는 네그리가 말하는 레닌의 노동계급 주체성의 명제, 내적이고 반성적인 주체로서의 당이라는 명제에서 헤겔의 반향을 분명하게 인식할 수 있다. 그러나 조직화 변증법에 대한 분석은 후반부로 미루도록 하자.

적 조건들을 그리고 레닌이 말한 특정한 사회형성체를 되살펴봐야만 한다. 레닌의 사유에는 자연발생적인 조직화 경로 — 이 경로는 정치경제학비판으로부터 시작하고 계급구성에 대한 분석을 경유하여 조직화론에 이른다 — 에 평행하는 주해註解처럼 기능하는 객관적 근저根底가 있다. 노동계급 주체성의 특징의 맹아는 생산방식의 특수성에서, 자본주의적 명령의 조직화형태 안에서 발견될 수 있다. 그렇다면 우리는 "자연발생성"의 사용을 노동계급 주체성의 출현에 한정해야 한다. 우리는 경제투쟁에서 표현된 주체성을 그것이 노동자들의 자유의지로부터 파생된다는 의미에서 자연발생적인 것으로 이해해서는 안된다. 반대로 투쟁은 생산과정에서 물질적인 노동관계 안에 형성된 특정한 의지의 결과이다. 자연발생성은 노동자들의 표현이 외부적 조직화를 수용하지 않는다는 데 있는 것이 아니라, 그것이 물질적 조건으로부터 직접 생겨났다는 데 있다. 다른 말로 하면, 심지어 경제투쟁에서의 노동자들의 자연발생적 표현에 대한 레닌의 긍정도 주체성에 대한 관념적 정의로 해석되어서는 안되며, 반대로 레닌에게 "주체는 물질적 구성 — 투쟁, 임금, 제도적 배치의 물질성 — 에 의해 정의된다."[39] 주체는 특수한 조건들과 그 노동의 관계들에서 정의된다.

경치경제학비판에서 계급구성에 대한 분석으로의 이론

적 이행을 정의하면서, 레닌은 노동자들의 주체성의 형성을 지탱하는 객관적 조건들을 제시한다. 레닌은 혁명적 조직화에 대한 물음들을 노동계급의 현상학으로 소급시킨다. 혁명전의 러시아라는 특수한 상황에서, 레닌은 공장 안에서 고숙련 노동자가 다른 노동자들에 대해서 지도자의 위치를 점하는 엄격한 위계관계로 조직되어 있던 산업노동계급을 발견한다. 이 시기에 러시아 산업생산에서 전형적이었던, 노동과제의 전문화된 성격과 공장 안에서의 엄격한 분할이, "전문노동자"가 범례적 노동자 주체성이 되는 조건들을 제공한다. 고숙련 노동자를 범례적 주체로 제시하는 것이 추상화이기는 하지만 이는 맑스주의적 용어로 특정한 추상화^{determinate abstraction}이다. 즉 관념론적 사변에 기초하는 개념이 아니라 구체적이고 물질적인 세계의 실제적 경향에 대한 인식에, 이 경우에는 노동계급의 구성에 기초하는 개념인 것이다. 그래서 범례적 노동자 주체성은 특수한 생산방식에서 규정되며 주체성의 이러한 구성이 다시 혁명적 조직화를 위한 모델을 제공한다. 이런 의미에서 노동자들의 조직화는 노동과정의 조직화안에 "예시된다." 구체적인 노동자 주체성에 근거를 두기 위해 당은 러시아의 자본주의적 생산의 위계적 조직화를 추적해야만 하고 전위와 공장에 토대를 둔 대중 사이의 동일한 위계적 관계를 재생산해야만 하는 것이다. 그래서 레닌적 당은 "일련의 다양한 계층들, 노동형태들, 생계형태들, 수입형태들, 투쟁형태들의 재구성과 재통합에 묶여있는 당이다."[58] 전위당은 생산에 있어서 전문노동자들이 노동자대중으로부터 분리되는 만큼 "외부적"이어야 하고 또 그만큼 노동계급의 대표자여야 한다.[29] 레닌적 조직화론의 힘과 한계는 모두 특수한 생산방식과 긴밀히 연결되어 있다. 레닌적 당은 그것이 당대의 산업생산과정에 내재하는 특수한 조직화형식을 재구성하기 때문에 혁명전 러시아의 노동자조직화에 효과적이지만, 정확히 같은 이유로, 즉 볼세비끼당의 형태는 특수한 생산조직화방식이 존속하는 한에서만 효과적이라는 이유로 그 한계를 갖는다.

4. 레닌의 현대성 : 기획적 맑스주의

그래서 레닌이 주는 가장 중요한 교훈들 중의 하나는, 혹은 네그리의 레닌에 대한 맑스주의적 독해의 가장 중요한 교훈들 중의 하나는 "조직화의 문제에 대한 논의와 실천을 오늘날 계급운동의 실재적 물질성과 다시 관계지을 필요"이다.["Crisis" 112] 사실 레닌적 조직화론에 대한 네그리의 긍정은 역사적으로 특수한 레닌적 조직화 형태가 더 이상 현대의 노동자 주체성의 발현양태에 적합하지도 않고 현재의 생산방식에 적합하지도 않다는 점을 역설적으로 부각시키게 된다. 레닌의 담론이 우리의 욕구에 상응하려면, 레닌이 직면했던 노동계급의 정치적 구성과 우리가 오늘날 직면하는 노동계급의 정치적 구성 사이에 일반적인 동질성이 있어야만 한다. 그러나 명백히 우리는 엄청난 이질성의 지점들을 인식할 수 있는 것이다.[33] 예를 들어 이 시기 동안의 이딸리아 노동자대중의 행위와 욕구를 살펴본다면, 주체성의 자연발생적 표현은 선별되고 의식화된 엘리트들의 수직적 형태를 취하지 않았으며 오히려 광범위한 지평을 가로지르는 일반적 표현이 발견되는 것이다. 수십 년 동안 투쟁이 벌어지면서 그 결과로 노동자들이 전투의 전략을 내면화하게 되었고, 어떠한 노동자 엘리트와도 관계없이 "공식적" 노동자 운동의 외부에서 수많은 자율적 형태로 그들 스스로를 표현하게 되었다고 말하는 것이 그 시기에는 흔한 일이었다. 피아트 제조공장에서 와일드캣^{wildcat} 파업에 대해 로마노 알꾸아띠가 수행한 상세한 연구는 노동자들의 대중행위를 훌륭하게 설명한다.[Sulla FIAT] 너무도 명백한 것은 1960년대와 1970년대 이딸리아 노동자들의 대중적 표현이 세기가 시작할 때의 엘리트 러시아 노동자들의 제한된 표현과 너무도 다르다는 것이다. 자연발생적 행위는 수직적 형태보다는 수평적 형태를 채택했다. 노동계급의 물질적 운동은 상이한 형태의 주체성을 요구했다.

조직화에 대한 레닌적 "객관주의" 경로 — 이는 정치경제학비판으로부터 노동계급구성으로의 이론적 이행에서 노동자 주체성 형성의 밑바탕이 되는 조건들을 분석한다 — 를 따르면서 우리는 동일한 결론에 도달하게 된다. 우리가 살펴봤듯이 러시아의 특수한 산업생산이 "전문노동자"를 범례적인 노동자 주체성으로 부각시키는 조건들을 제공했다. 그러나 네그리가 이미 대단히 상세히 보여주었듯이, 10월 혁명의 크나큰 충격 이후 1920년대와 1930년대에 자본은 생산을 재구조화하여 전문노동자들의 존립을 위한 조건들을 파괴하는 것으로 대응했다. 자본은 생산을 대량화하고 노동력을 탈숙련화하는 과정에서 노동자들 사이의 위계를 파괴했고 따라서 이전의 노동자 조직화를 특징지었던 전위와 대중 사이의 차별적 관계를 말소하였다. 자본은 전위당이 계급의 외부에서 계급의 대표로 받아들여질 수 있었던 토대를 파괴했던 것이다.

네그리 역시 우리를 레닌으로부터 분리시키는 이러한 역사적 변화를 사회의 자본에 의한 형식적 포섭으로부터 실질적 포섭으로의 이행이라는 맑스적 용어로 제시한다.[8] 형식적

---

8. 이러한 구별은 맑스가 『자본론』에 포함시키려 했지만 오랫동안 출판되지 않았던 문헌에서 제시된다. 그것은 이딸리아어로는 1970년대 초에 *Capitolo VI inedito* (미출간된 『자본론』 6편)라는 제목으로 처음 출판되었고 영어로는 「직접적 생산과정의 결과들」이라는 표제 아래 『자본론』의 1976년 번역판의 부록

포섭의 국면에서는 사회적 생산과 자본주의 사이에 일정한 어긋남이 있다. 일정한 전자본주의적이며 자율적인 생산형태들과 사회적 협동이 자본의 외부에 존속하며 그것들은 단순히 형식적으로만 자본주의의 전지구적인 지배틀에 포섭된다. 그러나 실질적 포섭에서는 노동력과 자본주의적 생산관계가 수평적으로 사회의 전역으로 확장된다. 노동과 생산은 순전히 사회적 규정들이 되며 나아가 "사회적 공장"이 절대적으로 확산되게 된다. 요컨대 실질적 포섭은 사회에 대한 자본의 직접적 지배로 정의된다. 네그리는 맑스가 이러한 형식적 포섭에서 실질적 포섭으로의 이행을 자본주의의 경향으로 인식했던 반면에 오늘날에는 그것이 실재가 되었다고 말한다. 이에 뒤이은 몇 년간 네그리는 이러한 맑스적 구별을 중시하게 되지만, 이 시점에서는 그리고 우리의 제한된 목적과 관련해서는 그 주장은 대단히 단순한 것이었다. 레닌은 형식적 포섭이라는 조건에서 경제투쟁의 개별성과 정치투쟁의 일반성 사이의 어긋남을 올바로 인식했는데, 당조직은 이 어긋남에 주의를 집중하여 이 어긋남을 운동에 맞게 재구성해야 했다. 그러나 오늘날에는 레닌의 인식의 근본적

으로[949~1084] 포함되었다. 네그리와 그의 이딸리아 동료들은 이 새 문헌을 『요강』과 함께 맑스주의 연구에 주요한 기여를 하는 것으로 보았다. 우리는 나중에 이 문헌들의 출판이 네그리로 하여금 어떻게 그의 맑스주의의 연구를 재정향하도록 했는지 보게 될 것이다.

전제들이 사라졌다. "개별적인 것에서 일반적인 것으로의 이행, 경제투쟁에서 정치투쟁으로의 이행은 …… 레닌의 사유에서 가졌던 의미를 상실했다." "전과 달리 오늘날 우리의 상황에서는 경제투쟁과 정치투쟁이 완전히 동일하다 ……." [34~5] 그래서 개별적인 것으로부터 일반적인 것으로, 경제적인 것으로부터 정치적인 것으로라는 레닌적 조직화의 근본적 이행은 우리의 현실에는 더 이상 적합하지 않다. 레닌은 경제적인 것과 정치적인 것의 이러한 구별과 그 사이에서의 이행의 특수성을 토대로 해서 노동계급의 외부에 당을 설정했던 것이다. 오늘날 실제적 포섭의 조건에서 이러한 구별이 사실상 사라졌기 때문에 계급의 외부에서 정치적 조직화를 위한 기초는 존재하지 않는다.

그런데 만약 레닌의 특수한 분석들이 완전히 시대에 뒤떨어진 것이며 현대의 계급 상황에 부적절하다고 결론을 내릴 뿐이라면 왜 네그리는 레닌에 대해 그와 같이 폭넓고 상세한 연구를 수행했는가? 네그리는 어떤 의미에서 스스로를 레닌주의자로 간주하였던 것인가? "우리가 숭배해야 할, 레닌이라고도 불리는 물신은 없다."[69] 우리는 어떠한 레닌숭배도 필요치 않으며 그가 제안한 일단의 추상적 모델들에 대한 충실성을 옹호할 필요도 없다. 오히려 우리가 레닌으로부터 채택해야만 하는 것은, 노동계급의 실제적이고 현재적인 구성을 읽고 주체성을, 조직화된 표현에 대한 그들의 욕구를 해석하는 기획이다. 레닌의 사유의 가장 혁신적 측면은 그의 대중방법론, 대중지성론이다. 즉 이론을 대중의 실천 안에 용해하여 그것을 다시금 중심적 통찰 안에서 결정화結晶化하는 능력이다. "따라서 스스로 곧바로 행위자가 되는 대중의 능력에 혁명의 운명을 지우는 한에서, 방법으로서의, 그러나 대중의 방법으로서의, 대중의 실천으로서의 레닌주의인 것이다. 이러한 새로운 의미에서 과정의 복합성이 회복되며, 이는 예술로서의 봉기라는 임계개념concetto liminare이 의미하는 바라고 할 수 있다."[68] 레닌주의가 혁명의 주체를 대중의 실천에서 포착하는 한, 그것은 예술이다. 네그리의 손에서 레닌주의는 맑스주의적 노력의 재정향을 제안하는 것이 되고, 자본비판을 노동계급의 혁명기획에 종속시키고 통합시키는 것이 되며, 이론을 대중의 실천 안에서 용해하고 재정초하는 것이 된다. 이것이 레닌의 현재성이다.

5. 대중적 전위와 노동자 중심성의 애매성

우리가 보았듯이 이론적 차원에서 네그리는 레닌의 혁명적 주체 개념을 현대의 사회정치적 조건에 맞추어 갱신함으로써 그 개념에 다시 활력을 부여하고자 한다. 그러나 막상 이러한 생각들이 어떻게 이 시기 이딸리아의 정치적 맥락 안에서 작용했는지를 살펴보면, 우리는 네그리 사유에서 명백한 불일치를 발견하고 그가 이전에 거부했던 것처럼 보이는 어떤 레닌적 제안들이 존속한다는 것을 발견하게 된다. 예를 들어 네그리는 그의 정치 서클들에서 혁명적 주체의 이론적 중심을 전형적인 공장노동자에 두는 것을 옹호하며 나아가 운동을 이끌 전위당의 조직화를 옹호한다. 그러나 우리는 이러한 입장들을 해석하는 데 매우 주의해야만 하는데, 이 입장들은 이 시기 이딸리아 상황에 특수한 정치적 우연성들과 매우 긴밀하게 결부되어 있기 때문이다. 그래서 우리는 이 단계에서의 네그리의 사유를 밝히기 위해서 요동하는 정치적 장을 고려하면서 이 실천적 입장들의 자리매김을 시도할 것이다.

네그리는 대략 1969년부터 1973년까지 존재했던 정치 조직인, <노동자의 힘>Potere operaio의 창립 멤버였다. 조직의 상태는 끊임없이 유동적이었지만, 이 시기 네그리의 중심적이고도 가장 문제적인 글들 중의 하나이며 운동의 투사들 사이에 다양한 형태로 유통되었던 「노동에 반대하는 노동자당」 "Partito operaio contro il lavoro"이 <노동자의 힘>을 혁명당으로 변형시키는 프로그램에 대한 그의 제안을 구성했다. 당으로서 <노동자의 힘>은 다양한 투쟁을 위한 초점 혹은 전위가 될 것이고 그리하여 혁명으로 가는 길을 이끌 것이었다. 우리가 확립한 이론틀에서 볼 때 이러한 제안의 가장 문제적 요소는 공장노동자들을 중심으로 하는 혁명 주체의 우선성이다. 대중노동자가 범례적 주체성으로서, 따라서 전全노동계급을 위한 전위로 제시되는 것이다. 전위당의 실존조건들이 사라졌음을 우리가 보았음에도, 전위당 개념이 여기 네그리 사유에 존속하고 있는 것이다. 네그리는 이렇게 겉으로 보기에 역설적인 입장들을 설명할 일관된 수단들을 갖고 있지만, 이 주장들은 그것이 제대로 이해되려면 급격한 사회적 변화와 강렬한 정치적 폭력의 맥락에 놓여야 한다. 실상 일단 네그리의 주장을 적절하게 자리매김하면, 프롤레타리아의 통일성에 대한 요구는 완화의 역할 즉 노동운동에서 일어나는 극단들 사이를 매개하는 역할을 달성하도록 의도된 것으로 나타나는 것이다.

네그리의 이론적 탐구에 있어 전위당 제안의 토대는 대단히 문제적인 것이다. 노동관계들과 생산에 대한 그의 시대 구분이 이 문제를 아마도 가장 간단하게 보여줄 것이다. 네그리가 주장하듯이 19세기 후반의 자본주의적 생산은 그 중심적 요인으로서 고숙련공장생산의 발전을 향하였다. 이에 따라 이러한 생산관계의 조건들을 통해 범례적 노동자인 전문노동자가 점차로 성숙하여 전문적 전위당으로의 조직화를 통해 자본의 실존에 독립적인 위협을 가할 정도에 이르렀던 것이다. 그 다음에 대량생산공장으로의 변형이 전문노동자를 위한 조건들을 파괴하는 동시에 대중노동자라는 새로운 노동자 주체성을 위한 조건들을 창출했다. 그런 다음에 대중노동자 주체에 적절한 조직화 형태인 대중적 전위당에 의해 형식적 도식은 논리적으로 완성되게 된다.

자본주의적 생산의 지배적 구조	범례적인 계급 주체성	적절한 조직화
전문화된 산업생산	전문노동자	전문적 전위당
대량산업생산	대중노동자	대중적 전위당

그래서 네그리가 "레닌주의 이론을 예견할 수 있는 방식으로 반복하는 당이론의 재개는 (현재의 계급구성에서) 상상할 수 없다"[*Fabbrica* 63]라고 말할 때, 그는 전위당의 현대적 타당성을 무조건 거부하는 것이 아니라 오히려 "전문적" 계급전위 보다 "대중적" 계급전위를 주장하는 것이다. "실제로 전위라는 개념은 변경되어 '대중적 전위'라는 개념으로 되었다."[61] 여기서 애매함은 모두 대중적 전위라는 역설적 개념에 담겨 있다. 대중적 전위라는 개념의 첫 번째 구성요소인 "대중"성은 정치엘리트와 노동자대중 사이에 있을 수 있는 모든 격차를 메우려고 하거나 모든 외부성을 파괴하고자 한

다. 그의 레닌 비판에서 우리는 이미 레닌이 이론화한 개별적인 것과 일반적인 것 사이의 구별, 경제적인 것과 정치적인 것 사이의 구별이 현대의 계급상황에 더 이상 적절하지 않다고 네그리가 믿고 있음을 보았다. 따라서 정치적 조직화가 노동계급의 통일을 (레닌이 상상하였듯) 대중의 외부로부터가 아니라 오히려 대중 내부의 내적 입지점으로부터 구축해야만 한다는 결론이 나온다. "이 통일의 과정은 '위로부터'가 아니라 오직 아래로부터만, 안으로부터만 일어날 수 있다."["Partito" 130] 그렇다면 혁명적 조직은 계급 안에 위치하고 있다는 점에서 "대중적" 조직이어야만 한다. 이 대중적 주체성의 힘을 통하여, 노동계급은 외부의 지도를 통한 그 어떤 형태의 대의(대표)도 거부하며 스스로를 매개되지 않는 힘의 주체로 제시하는 것이다. "계급은 오직 스스로에게만 권력을 위임할 수 있다."[147] 그러나 대중적 전위개념의 첫 번째 구성요소는 두 번째 구성요소에 의해 반박되는 (혹은 적어도 문제적으로) 되는 것처럼 보인다. 이 내적 조직은 그럼에도 불구하고 전위를 중심으로 통일되어 있으며, 전위는 아무래도 대중으로부터 구별되는 것이다. 이론적 차원에서는 주로 생산적 노동에 기초하여 구별이 이루어진다. 대규모 공장의 대중노동자들이 자본주의적 생산의 중심을 구성하기 때문에 그들에게 정치적 전위의 과제가 주어지는 것이다. 이

러한 정치적 우선성과 상대적 자율성을 통해 공장노동자 전
위는, 나머지 노동계급에 대해, 그리고 실로 사회 전체에 대
해 헤게모니를 갖는 특권을 부여받는다. 이런 점에서 네그리
는 혁명적 중앙집중화와 당의 정치적 필요를 다시 제안하는
것이다. 완전히 역설적인 방식으로 네그리는 당은 계급 내
부에 있어야 하는 동시에 외부에 있어야 한다고 제안하는
것이다.

그러나 여기서 우리는 경제와 정치 사이의 전통적인 레
닌주의적 구별이 대중적 전위라는 개념의 형태로 네그리의
사유에 다시 나타남을 발견한다. "대중적 전위당이라는 개념
은 임금을 위한 투쟁과 권력을 위한 혁명적 투쟁을 통일하는
개념이다."[135] 대중의 경제투쟁(임금투쟁, 노동거부투쟁)과
(권력을 노리는) 전위의 정치투쟁은 분리되어 있으면서도 통
합되어있는 것으로 보아야 한다. 두 가지 투쟁에 대한 이러
한 분석은 조직화전략에 완벽히 상응한다. 반反파시즘적 레
지스탕스라는 코뮤니즘적 전통은 (이는 제2차 세계대전으로
거슬러 올라간다) 조직화를 대중적 수준과 엘리트(혹은 비밀
스런) 수준이라는 "이중적 수준"에서 제안한다. 대중적 전위
라는 제안은 이러한 전략의 힘을 유지하려는 시도였지만 종
합적 통일성으로 그 이중성을 대체한다. 바꾸어 말하자면,
네그리는 이론적 차원과 조직화의 차원 모두에서 변증법적

기교로써 이러한 이론적 딜레마를 벗어나려고 한다. 두 가지 투쟁은 대중적 전위당 안에 변증법적으로 통일되며, 경제투쟁의 복수적複數的 주체로부터 정치투쟁의 통일된 주체로의 이행은 양量으로부터 질質로의 이행이 된다. "오직 유물론적 변증법의 맑스적 사용만이 대중적 전위 개념을, 따라서 노동에 반대하는 노동자당이라는 개념을 심화시키고 명료화할 수 있게 해준다."[136] 그러나 변증법에의 호소는 네그리에게 이 문제에 대한 납득할만한 해결책을 주지 않는다. 대중적 전위라는 개념은 역설적인 것으로 남는다. 그럼에도 불구하고 여기서 네그리의 목표는 너무도 분명하다. 그는 현대의 계급투쟁의 욕구를 충족시키기에 충분할 만큼 강한, 일관된 혁명 주체를 산출하는 사회적 종합을 발견하려고 하는 것이다.

6. 정치적 폭력과 테러리즘

네그리가 그 시기에 느꼈던 실천적 압력과 운동에서 지식인으로서 담당하려고 했던 매개적 역할을 인식할 때에만, 우리는 이러한 이론적 곤경을 진정으로 밝힐 수 있다. 1970년대 초에는 투사들 사이에서 이딸리아 국가를 전복하는 최종 단계 즉 내전의 시기가 가까이 왔다는 믿음이 널리 퍼져있었다. 반란의 시간이 도래했던 것이다. 정치적 폭력은 더 이상 문제가 아니었다. 그러한 폭력은 이딸리아에서는 너무도 일반적이어서 정치적 공방攻防에 있어서 당사자들 양쪽에서 정상적 상태가 되었다. 네그리 경력을 조사하려 했던 기자들 중 하나인 조르조 봇까는 무장투쟁의 담론을 이러한 요동치는 시기에 위치시키고자 했다. "노동자의 힘의 폭력과 반란을 그 시대로부터, 국내적 상황과 국제적 상황으로부터 분리한다면, 이는 순전히 형식적인 조사의 반역사적인 조작일 것이다. (……) 역사가로서의 우리에게는, 1969년과 1974년 사이의 시기에 정치적 폭력은 주어진 사실로서, 광범위하게 용인되었으며 심지어는 거의 정상적인 것이었다고 말하는 것이 중요하다."[70] 그렇다면 폭력은 정치의 장에서 이미 주어진 요소였다. 노동자들의 관점에서는 그들의 운동의 힘에 의해 국가가 한계에 몰렸고 이제 국가는 필사적인 상태에서 통제를 유지할 유일한 효과적 무기인 폭력에 지속적으로 호소하는 것으로 보였다. 1969년 뚜린에서 (꼬르소 트라이아노에서) 그리고 바띠파글리아Battipaglia에서 일어난 충돌들이 가장 흔히 인용되는 사례이다.[cf. "Do You Remember Revolution?" 233 9] 그래서 이러한 시각에 따르면 자본주의

---

9. [옮긴이] 이 논문의 한국어본은 『혁명의 만회』에 수록되어 있다.

적 통제에 맞선 투쟁은 일정 종류의 무장투쟁정책을 채택하는 것 외에 선택의 여지가 없었다. 따라서 네그리가 "오늘날 오직 무장투쟁만이 코뮤니즘에 대해 말할 수 있다"라고 말할 때, 그가 주변적인 입장을 표현한 것은 아니다.[136] 우리는 현재 가장 문제적이며 도발적인 지형의 일부를 탐험하고 있기에, 여기서 우리의 목적이 단지 네그리의 이론적 입장과 실천적 입장을 설명하려는 것임을 명심해야만 한다.

그렇다면 정치적 폭력의 맥락에서 네그리의 입장은 두 가지 논쟁점으로, 즉 한편에서는 "인민주의자들" 혹은 "나로드니끄들"narodniks을 비판하고 다른 한편에서는 "주체주의자"subjectivists을 비판하는 것으로 정의된다. 네그리는 인민주의자들은 중앙집중적 조직화의 필요를 내전의 맥락에서 제대로 인식하지 못한다고 주장한다. 이는 두 가지 이유에서 맞다. 첫째로 정치적 대화가 폭력으로 환원될 때 노동계급은 스스로를 방어할 수 있어야만 하고 국가의 힘과 동등한 힘을 발휘할 수 있어야만 한다. 당은 자본의 명령과 국가의 권력을 "거울이미지로서 대립하면서 전복하는 것"이 되어야 한다.[142] 프롤레타리아가 이러한 맥락에서 (군대와 유사한 세력으로서) 공세를 취하기 위해서는 중앙집중적이고 일관적인 지도부를 가져야만 한다. 모든 계급적 폭력행위는 노동계급의 목표와 조직화를 증진시키는 협력적 기획의 형태로 지도되어야 한다.[152] 이는 중앙집중적인 지도부가 필요한 두 번째 이유로 이끈다. 광범위한 폭력의 상황에서 조직화의 결핍은 노동자들과 사회 전체에 무분별한 손상을 가져올 것이다. 노동운동과 결합한 네그리 및 다른 많은 지식인들은 그들의 역할을 자의적인 폭력과 분별없는 월권을 막아줄 수 있는 완충여과기로 보았다.

다른 한편 네그리의 다른 논쟁점은 "주체주의자" 혹은 "주의주의자"voluntarists에 대항하는 것이었다. 네그리가 주장하길 이 입장은 폭력의 사용 그 자체로 비판되어서는 안되고 오히려 "노동자 힘의 주체성과 폭력 사용에서의 주체주의 사이의 유기적 관계를 어떻게 설정해야 하는지 몰랐다는 점에서"[139] 비판되어야 한다. "주체주의자"는 노동계급의 외부에 있지만 노동계급의 이익을 위해 행동하는 무장된 전위가 국가와 자본에 맞서 수행하는 직접행동을 제안하는 자들이다. 이는 운동에서 무시될 수 없는 명백히 대단히 강력한 분파였으며 많은 부분 이딸리아 빨치산 투사들의 반파시즘 전통의 유산에 토대를 두고 있다.[10] 따라서 자본주의국가의

---

10. 이 시기에 활동했던 이 그룹의 가장 분명한 사례는, 제2차 세계대전 동안 파시즘과 투쟁한 역사적인 빨치산 그룹들 중 하나에서 이름을 따온 GAP(Gruppi di Azione Partigiano, 당행동그룹)이다. 이 그룹은 작았지만 부분적으로는 부유하고 유명한 출판업자인 자꼬모 펠트리넬리(Giacomo Feltrinelli)의 능동적인 참여로 잘 알려졌다. 펠트리넬리는 폭탄을 설치하려고 시도하던 중에 사망하였다.

현대적 성격에 대한 이론적 평가가 전술적 중요성을 가지며, 여기에 걸려있는 것은 대단히 크다. "노동운동에서 몇몇 사람들은 전투적 간부들을 압박하고 설득하는 영향력 좀 가지고 있으면서 국가의 파쇼화과정이라는 테제를 지지하고 있다."[154] 이러한 투사들은, 국가가 자본으로부터 상대적으로 자율적인 파시즘적 형태를 채택했기 때문에 노동운동이 계급으로부터 상대적으로 자율적인 무장여단과 함께 전통적인 반파시즘적 방식으로 싸워야 할 필요가 있다고 주장한다. 네그리는 자본주의 헌법에 대한 그의 사법적이고 경제적인 비판을 기초로 하여, 현대국가가 파시스트들처럼 노동계급의 힘을 파괴하는 데 몰두하기보다는 오히려 노동계급을 포획하여 발전에 사용하는 데 몰두한다고 반박한다.[150] 따라서 노동계급의 적敵의 성격이 주어진다면, 정치적 방향과 폭력사용은 대중적 계급 주체성으로부터 유기적으로 생겨나야만 한다. "전위의 해방적 희생이 들어설 …… 자리는 없다 …… 시대에 뒤떨어진 주의주의의 형태들이 들어설 여지가 우리의 조직화에서는 없는 것이다. 우리는 그 구성과 욕망에 대한 과학적인 (그래서 실천적인) 이해를 발전시키는 대중운동 안에 있다."["Crisis" 141~142, 수정됨] 내전의 맥락에서 네그리는 대중의 폭력이 비난받을 이유를 발견하지 못한다. 그러나 폭력의 사용이 결코 물신화되어서는 안되었다. 그것은 항상 운동의 진전에 종속되어야만 하는 것이다.["Do You Remember Revolution?" 233] 폭력의 오용은 무장한 군사적 운동이 대중의 실제적 운동과 노동계급의 실제적인 정치적 구성으로부터 분리될 때 생긴다. 네그리가 보기에 "주체주의 자들"은 대중의 맥락 바깥에서 소수의 폭력사용을 유도하는, 국가파시즘에 대한 환원주의적 독해를 제안하는 것이다. "실천을 해야 할 때마다 그 귀결은 불가피하게 테러리즘이 된다."["Partito" 100]

다시 한 번 우리는 폭력에 관한 네그리의 담론이 그의 주체론으로 되돌려질 경우에 가장 일관적이라는 점을 알아야 한다. 대중적 전위는 두 얼굴을 가진 주체이다. 한 얼굴은 노동관계의 거부와 자유에 대한 욕망에 근거하는, 분산된 복수적複數的 대중들의 행위이고, 다른 얼굴은 마치 거울에 비친 것 같은 모습으로 국가의 적대자를 구성하는 공장노동자 전위의 일관된 지도이다. 내전의 맥락에서는 그리고 국가폭력에 직면하는 상황에서는 첫 번째 얼굴만으로는 "나로드니끄" 즉 패배주의적 입장을 나타낼 것이나, 대중으로부터 분리된 두 번째 얼굴만으로는 테러리즘을 낳게 될 것이다. 네그리의 생각으로는 대중의 힘과 전위의 지도를 종합하는 것이 적절한 혁명주체를 제공한다.[11]

이딸리아 사회투쟁의 강렬함은 주체성의 문제를 이론적 의
제목록의 꼭대기에 올려놓았다. 이러한 맥락에서 정치적 조
직화론은 주체론의 더욱 실천적이고 더욱 휘발적인 형태로
만 나타난다. 네그리는 사회운동이 제기한 도전에 최대한 응
하고자 한다. 그는 출현하는 주체를 이론화하고자 하고, 그
주체를 그 힘의 절정에서 포착하고자 한다. 네그리가 주장하
듯이, 우리는 노동계급을 착취의 대상으로서만이 아니라 힘
의 주체로서, 자본주의적 지배장치를 통해 구축되는 수동적
주체로서만이 아니라 스스로를 구성하고 자신의 욕구와 욕
망에 기초하여 새로운 사회를 기획하는 능동적 주체로서 인
식해야만 한다. 주체의 힘인 사회투쟁의 강렬한 충격이 네그
리 사유의 발전에서 파열점을 나타낸다. 사회적, 역사적 운
동을 "객관적으로" 독해하기 위해 노력하는 학자적인 비판
이론적 접근법이 이제 욕망에, 주체로서의 노동계급의 기획

---

11. 「노동에 반대하는 노동자당」에서 네그리는 협력적인 프롤레타리아 행동프로
　　그램의 일부로 "붉은 기지"(basi rosse)와 "붉은 여단"(brigate rosse)을 제안한
　　다. 이것이 나중에 네그리에게 씌워진 범죄연루혐의를 충분히 입증하는 것이
　　라고 생각될 수도 있다. 그러나 이 글이 그 유명한 <붉은 여단>이 실제적으
　　로 온전하게 형성되기 전에 쓰였다는 것을, 그리고 이 시기에 그 용어들은 운
　　동에서 다양한 함의를 갖고서 다수의 저자들에 의해 사용되고 있었음을 명심
　　해야만 한다.

에 종속되는 것이다.

네그리 사유의 이러한 재정향과 비판적 맑스주의 접근법의 전도가 네그리의 맑스로부터의 이탈을 뜻하는 것은 결코 아니다. 그것은 오히려 맑스주의적 문제의식의 심화이며, 노동계급 주체의 출현을 성숙기 맑스의 사유에 핵심적인 것으로서 인식하려는 시도이다. 오페라이스모의 접근법은 현실적 노동계급 입지점에 비판을 정초하려고 하기 때문에 이러한 재정향의 출발점으로서 아마도 비판적 맑스주의의 다른 조류들보다 더 적합할 것이다. 오페라이스모가 좋아하는 맑스는 언제나 1848년과 빠리 코뮌의 맑스, 프롤레타리아의 희망과 힘에 의해 북돋워져서 강렬한 열정으로 이론작업을 하는 맑스이다. 하지만 네그리는 레닌의 도움으로 맑스에 대한 새로운 접근법으로 도약을 하게 된다. 레닌의 해석과 비판을 통해 노동계급은 네그리의 사유에서 강력한 사회적 주체로 부상한다. 이 주체는 밑바탕에서는 노동의 물질적 조건들과 대중의 구체적이며 주체적인 표현들에 뿌리박고 있으며, 그 정점에서는 힘을 열망하고 사회에서 자기표현과 자기조직화의 능력을 정련하는 주체이다.

어떤 이들은 이딸리아 맥락에서 맑스와 레닌으로의 이러한 회귀가 프랑스에서의 루이 알뛰세르의 이론적 발전과 유사하다고 시사한 바 있다.["Le cheminement politique de

Negri" 17] "혁명적 맑스와 레닌으로의 회귀"라는 이러한 표면적 유사성은 사실 더 면밀하게 분석해보면 상당한 차이들을 드러낸다. 이 차이들은 특히 주체에 대한 물음과 관련하여 네그리의 사유와 서구 맑스주의의 주요한 현대의 조류들 사이에 있는 거대한 틈을 나타낸다. 알뛰세르와 네그리의 대립은 맑스 사유의 진화에 대한 그들의 독해의 측면에서 가장 분명하게 볼 수 있다. 네그리는 맑스의 주요한 전환점이 청년기의 휴머니즘 단계으로부터 고전경제학자들을 비판하는 원숙기의 구조주의 단계로의 진전이라는 알뛰세르의 제안을 수용할 수 없었다. "맑스에게 존재하는 '인식론적 휴지'에 대해 말하고자 한다면, 그것은 구조에 대한 정의가 자본주의의 위기의 실존과 노동계급의 운동 사이의 관계를 보여주는 순간에 대해서만이 아니라, 또한 무엇보다도 분석이 기획이 되기 위해 기존의 현실로부터 스스로를 해방시키고 주어진 힘의 관계가 조직화의 제안으로 전개되는 순간에 대해서 말하는 것이 될 것이다. 인식론적 휴지는 조직화의 탄생이다……"["Partito" 102, 강조는 네그리의 것.] 알뛰세르는 엄밀하게 정치경제학 비판의 구조주의적 지평 위에서 맑스의 사유를 틀지움으로써 분석을 노동계급 조직화를 혁명적인 주체에 정초시키는 작업으로부터 분리시켰고 그럼으로써 분석의 힘을 무화했다고 네그리는 주장한다. 정치경제학에 대한 구조적 비판은 생명체 없는 불모의 지평 위에서 진행된다. 이는 맑스가 아니다. "맑스의 사유의 진화는 '주체 없는 과정'에서 끝나는 게 결코 아니고, 무엇보다도 혁명주체의 조직화된 실재를 항상 밀접히 따라간다. 정치경제학 비판의 참된 귀결은 정말로 그리고 언제나 이러한 주체적 뿌리내리기이다."[103 note] 혁명적 주체는 맑스의 노력의 추진력이자 이론적 결과이다.

우리가 주장했듯이 만약 네그리가 1968년 이후의 시기에 일어난 이딸리아 노동계급의 폭발적 표현을 통해 맑스 이론에서 주체의 중심적 역할을 인식할 수밖에 없었다는 것이 맞는다면, 이러한 주체의 출현이 갖는 이론적 중요성을 레닌의 맑스 독해의 도움 없이는 포착할 수 없으리라는 점도 마찬가지로 맞을 것이다. 레닌은 혁명적 주체를 (그 물질적 욕망과 구체적 실천을) 이론의 중심으로 가져올 수단을 발견했다. 이렇게 레닌의 이론적 기여를 인식하는 가운데 우리는 훨씬 더 분명하게 알뛰세르와 네그리가 그 윤곽을 그린 경로들 사이의 거대한 틈을 볼 수 있다. 알뛰세르의 논쟁적 출발점은 학술계에서 결코 레닌을 받아들이지 않고 철학자로서의 그의 기여를 충분히 인식하지 못했다는, 학술계에 대한 고발에 있다.[*Lénine et la philosophie*] 알뛰세르는 레닌의 실천 자체가 아니라 오히려 그가 실천을 이론으로 가져왔던 방식,

따라서 혁명론(혹은 더 정확하게는 이론 안에서의 혁명)을 혁신했던 방식을 제대로 알아보기를 권유한다. 이것이 알뛰세르가 레닌의 유명한 모토 "이론 없이는 혁명적 실천도 없다"를 독해하는 방식이다. 혁명적 실천의 논제들은 이론적 지평에 토대를 두거나 그 지평 안에 포섭되어야만 한다는 것이다. 알뛰세르에 따르면 레닌의 천재성은 계급투쟁을 철학으로 가져온다는 데 있다. 알뛰세르는 레닌을 대학의 명예의 전당으로 받아들이고자 한다. 반대로 네그리는 레닌에게 대학 밖으로 나가 공장 안으로 들어가는 것을 도와달라고 호소한다. 그는 계급투쟁을 철학 안으로 가져오기 위해서가 아니라 그것을 실천으로 옮기기 위해서 레닌에게 시선을 돌린다. 네그리가 좋아하는 레닌의 모토 ─ "혁명에 관해 글을 쓰는 것보다는 혁명을 하는 것이 더 재미있고 더 유용하다."[『국가와 혁명』 후기에서, cf. Fabbrica 129, 152] ─ 가 그와 알뛰세르 사이의 거리를 보여준다. 네그리가 보기에 레닌은 그의 구체적 실천으로부터 빼낼 수 없다. 사회적 투쟁의 폭발과 병행한 레닌 연구가 네그리의 작업에서의 파열점, 전환점을 나타낸다. 그의 이론화에서는 강력한 주체가 개념적 지평 전체를 구성하는 구조를 전복하고 재정향하는 추동력으로 나타나는 것이다.

사실 알뛰세르의 레닌연구 작업은 네그리 사유에서 레닌

의 중요성을 이해하는 데에는 대단히 빈약한 비교대상이다. 만약 우리가 프랑스로 시선을 돌린다면, 우리는 네그리의 레닌을 질 들뢰즈, 미셸 푸꼬와 같은 프랑스 이론가들에 의해 "재발견된" 니체와 비교함으로써 더 적실한 이해를 얻을 수 있다.[12] 이러한 사상가들의 해석을 통해서 보면, 내가 보기에 레닌과 니체의 다음과 같은 유사성들은 그것이 뜻밖인 만큼이나 인상적일 수 있다— 1) 의지[will]의 철학의 중심성, 2) 주체성의 물질적 구성, 3) 총체적 비판의 무서운 파괴력과 주체적 긍정의 빼어난 구축력, 4) 따라서 존재론의 자유 안에서의 재정초. 우리는 앞의 2장[13]에서 들뢰즈가 니체를 연구하고자 할 때, 그가 베르그손을 연구하면서 발전시킨 긍정적이고 논리적인 동학을 새로운 지평으로, 즉 모든 논리적 문제들이 이제 의미와 가치의 관점에서 제시되는 물질적 힘

---

12. 루이스 피셔(Louis Fischer)는 『레닌의 삶』(*The Life of Lenin*)에서 사실 레닌이 니체를 읽었다는 말을 하기도 한다. 그러나 여기서 영향의 문제는 완전히 초점이 빗나간 것이다. 레닌과 니체가 매우 유사한 사상가라는 점이 우리에게 그다지 중요한 것도 아니다. 우리에게 흥미로운 것은 양자가 네그리와 들뢰즈의 지적 긴화에서 유사한 역할을 한다는 점이다. 니체에 대한 연구는 푸꼬에게도 유사한 전환점— 그가 구조주의적 틀에서 벗어나 힘과 주체성의 문제들을 중심적인 것으로서 제기하게 되는 것— 을 구성하는 것처럼 보인다. 다른 말로 하면 아마도 우리는 『지식의 고고학』(*The Archeology of Knowledge*, 1969)과 『감시와 처벌』(*Discipline and Punish*, 1975) 사이의 시기에 인식 근거(ratio cognoscendi)로부터 존재 근거(ratio essendi)로의 유사한 이행이 일어난 것으로 볼 수 있을 것이다. 그러나 이러한 가설은 진지하고 주의깊게 고려되어야 마땅하다.
13. [옮긴이] 『들뢰즈 사상의 진화』(갈무리 2004)의 2장을 말한다.

들의 장으로 옮겨놓는다고 주장한 바 있다. 실제로 들뢰즈는 니체에게서 주체적 힘들의 장을 살아 움직이게 만드는 의지와 가치의 논리를 발견한다. 니체는 모든 논점들을 힘과 주체성의 문제들로 돌려서 설명하는, 철학적 탐구의 유물론적 환원을 수행한다. 들뢰즈의 용어로 하면, 니체는 "무엇인가?"라는 물음을 "누가?"라는 물음으로 변형시킨다. 예를 들어 니체가 묻는 물음은 "정의란 무엇인가?"가 아니라 "누가 정의로운가?" 혹은 더 좋은 예로는 "누가 정의를 원하는가?"이다. 니체와 네그리의 레닌 사이의 유사성은 주체의 힘이 모든 논점들에 생기를 불어넣는 다는 점에 있다. 의지의 놀라운 역량이 니체와 레닌 모두의 이론적 지평을 지탱하는 기둥이다. 우리는 이것을 우리가 2장에서 서술한 "총체적 비판"과 관련하여 가장 분명하게 볼 수 있다. 적대에 대한 이례적인 파악으로 추동된 니체와 레닌은 파괴적 계기pars destruens 즉 그 파괴적 힘이 너무나 격렬하여 사물들의 현재 상태를 완전히 파괴하면서 현재의 지평 전체를 무너뜨리는 힘에 의해 개시되는 비판 개념을 제시한다. 비판의 그 다음의 계기인 구성적 계기pars construens는 형이상학적인 지탱점에 준거하지 않고 엄밀하게 주체에 내재된 힘들의 구성능력에 의거하여 새로운 지평을 건설한다. 니체적 긍정의 놀라운 창조력이 니체적 부정의 무서운 절대적인 파괴를 뒤따르는 것이다. 이

것이 반란의 예술, 조직화의 예술이다. 여기서 본질적인 점은 두 계기의 상호의존성이다. 두 번째 계기인 미래를 구축하는 힘은 각자에게 현재를 무제한적으로 파괴할 자유를 준다. 마찬가지로 첫 번째 계기가 지형을 깨끗이 청소한 다음에, 두 번째 계기가 자유롭게 무제한의 창조성으로 신세계를 구축한다.

이것이 네그리와 들뢰즈 양자에게 주체론적 휴지와 함께 찾아온 근본적이고도 놀라운 전망이다. 이것은 존재론의 재정초이다. 이러한 맥락에서 필연성과 자유 사이의 대립은 무너지는데, 이는 존재가 끊임없이 파괴되고 다시 만들어지며 주체의 힘들의 운동을 따라 새로워지면서 그렇게 된다. 서로 충돌하는 물질적 힘들의 장이 존재론의 유일한 지형을 구축하며 그래서 존재는 선험론적 고착성을 상실하는 대신에 역동적 조형성을 얻게 된다. 의지will의 힘을 바탕으로, 우리의 물질적인 주체적 힘을 바탕으로 새로운 세계를 구축할 수 있고 존재를 다시 만들 수 있다는 것을 알기에, 우리는 세계에 대한 무제한적인 공격을, 존재의 절대적 파괴를 선포할 수 있는 것이다. 우리는 우리의 욕망과 욕구에 맞추어 두 번째, 세 번째, n 번째 자연을 창조하기 위해 우리의 앞에 이미 놓여있는 자연을 파괴할 것이다. 사실 존재론을 이렇게 바라보는 맥락에서는 자연은 이미 항상 인공적이다. 주체적 힘들에 의해서 구성된 것이기 때문이다. 우리의 앞에 이미 놓여있고 또 우리를 구성하는 존재는 이미 조건지어져 있는 것이며, 우리가 다시 만들 수 있는 것이다. 니체와 레닌에게서 힘과 주체성의 장의 이론적 전일성은 존재론에 대한 파악이 변형되도록 한다. 주체성의 출현에 의해 구성되는 네그리와 들뢰즈의 사유에 있어서의 이러한 파열은 인식론적 휴지보다 존재론의 휴지를 드러낸다. 들뢰즈 연구에서 너무도 자주 반복하였던 것을 여기에서 스콜라철학에 전형적인 방식으로 다시 한 번 반복한다면, 존재 근거ratio essendi가 인식 근거ratio cognoscendi에 대해 우선권을 부여받는 것이다. 그런데 이러한 파열 이후, 즉 존재가 조건지어지지 않은 것의 영역으로부터 떨어져나간 이후에도 왜 우리는 "존재론"이라는 용어를 계속해서 사용해야만 하는가? 절대적 조형성을 설정한 다음에는 존재에 대한 담론을 버리고 순수한 상대주의를 허용하는 것이 더 적절하지 않은가? 이는 포스트 모던적 비틂이 아닌가? 결코 그렇지 않다! 반대로 조건지어진 것의 영역, 제2의 자연의 영역에서 존재를 유물론적으로 독해할 것을 제안하는, 레오빠르디Leopardi로부터 루카치Lukács에 이르는 폭넓고 다양한 전통이 있다. 네그리와 들뢰즈 모두에게 주체성의 개입은 존재론적 담론을 그들의 기획에 더 중요하고 적절한 것으로 만들 뿐이다. 우리가 마주하고 있는 존재가 힘의 이전의 관계들로 구성되어 있다는 점이 존재를 우리에게 덜 실체적인 것으로 만들지는 않는다. 우리가 존재를 파괴하고 재창조할 수 있는 힘을 갖고 있다는 점이 존재를 덜 실재적인 것으로 만들지 않는다. 니체가 말했듯이, "더 이상 '모든 것은 주관적일 뿐이다'라는 초라한 표현을 쓰지 말고, '그것은 또한 우리의 작품이다!'라고 하자 — 이에 대해 자랑스러워하자."[*The Will to Power* 545] 이러한 맥락에서 필연성과 자유 사이의 전통적 대립은 더 이상 의미가 없지만, 그 용어들은 여전히 그 뜻을 간직한다. 사실 우리의 자유는 존재에 칼자국을 내고, 자연을 파괴하고 창조하며, 필연성을 구성하는 힘과 직접적으로 관련된다. 니체에게서와 마찬가지로 레닌에게서도 주체는 더 이상 단지 소산적 자연natura naturata이 아니라 이제 능산적 자연natura naturans이기도 하다.

우리는 이 시기에 그리고 그의 레닌 연구에서 네그리의 존재론적 담론이 시작되는 것을 개략적으로 서술했을 뿐이다. 네그리의 존재론적 담론은 스피노자와 레오빠르디에 대한 그의 후기 작업들에서 더 포괄적이고 풍부한 전망을 갖게 될 것이다. 그럼에도 불구하고 존재론이 여기 사회적 투쟁의 폭발에서, 강력한 주체의 출현에서, 총체적 사회비판의 급진적 힘에서 발생했다는 점을 인식하는 것이 중요하다. 주체로서의 노동계급의 힘이 언제나 네그리 존재론의 대들보를 구성할 것이다.

7. 국가를 파괴하는 주체 : 레닌과 빠슈까니스Pashukanis

앞에서 우리는 레닌에 대한 네그리의 연구를 세 국면으로 나누었고 이어서 첫 번째 두 국면, 노동자들의 자연발생성(1890~1900)과 프롤레타리아의 조직화(1900~1910)를 논의했다. 이러한 두 국면은 레닌의 주체론으로 가는 보완적인 두 경로를 구성한다. 이제 우리는 많은 점에서 발전된 주체론의 실천적 정점을 구성하는 세 번째 국면(1910~1917)으로 돌아갈 것이다. 이 세 번째 시기의 중심적 주제는 국가의 폐지이며, 주된 텍스트는 『국가와 혁명』이다. 네그리는 상당한 시간을 이 텍스트에 바치고 그것을 대단히 상세하게 다룬다. 그러나 우리는 주로 우리의 논의에 본질적인 두 가지 논점 ― 1) 국가를 파괴한다는 것이 무슨 의미인가 2) 그처럼 급진적인 파괴는 어떻게 가능한가 ― 에 초점을 맞출 것이다. 여기 레닌의 혁명적 전망에서, 우리는 레닌과 니체를 연결하는 구성적 존재론이 물질적, 정치적 영역에서 작동하는 것을 보게 된다.

국가의 파괴는 프롤레타리아의 힘의 실제적 구축과 코뮤니즘의 구성을 위한 첫 번째 조건이다.[*Fabbrica* 152] 레닌은 매우 명확하게 이 점을 긍정한다. 그러나 네그리에 따르면 레닌의 국가론은 종종 오해되었는데, 이는 국가가 너무도 협소하게 단지 억압의 도구로서 생각되었기 때문이었다. 그렇다면 국가파괴의 과제를 생각하기 전에, 우리는 국가가 무엇인지를 분석해야만 하거나, 혹은 더 정확하게는 노동자들의 적대의 진정한 대상의 범위를 정해야만 한다. "국가는 사회의 외부에 있는 권력이며, 갈등의 화해불가능성에서 열린 과실果實이다 …… "[135] 우리는 국가에 대한 엥겔스의 정의[14]로부터 시작할 수 있는데, 그는 국가를 자본주의적 지배를 부과하고 계급투쟁의 긴장을 부정하는 데 종사하는, 사회를 초월하는 강제력으로 제시한다. 국가는 사회적 갈등 위에 군림하는 위압적 힘인 것이다. 그러나 국가는 자본주의적 명령의 기관으로 기능할 뿐만 아니라, 사법메커니즘을 통해 사회적 노동의 조직화를 수행하기도 한다. 국가는 명령과 조직화의 복합적 연계이다. 그래서 국가는 억압적 무기를 가질 뿐만 아니라 네그리가 "노동의 헌법화"와 "가치법칙"에서 기능

---

14. 네그리는 레닌이 엥겔스의 국가분석을 다루었지만 일정한 거리를 두었음을 주목한다. 실로 엥겔스의 작업은 레닌의 목적을 위해서 뿐만 아니라, 우리의 목적을 위해서도 별로 유용하지 않다. 그것은 부적절한 자연주의적 관점으로부터 출발하여 심히 미심쩍은 인류학적 논증에 대단히 의존한다. 엥겔스가 다루지 못한 중요한 측면은 노동의 조직화와 자본주의적 가치법칙에 있어서 국가가 수행하는 역할이다. 덜 직접적인 것일지라도, 맑스의 국가관을 재구축하는 것이 훨씬 더 유용한 것으로 드러난다.

하는 것으로 서술한 사법메커니즘도 갖는다. 레닌은 국가가 초월적 권력으로서 파괴되어야할 뿐만 아니라 그 물질적 기초에 있어서도 파괴되어야만 한다는 것을 매우 명백하게 인식하고 있다.(cf. 『국가와 혁명』 5장) 그래서 국가의 파괴는 무엇보다도 노동의 파괴 혹은 자본주의적 노동관계의 파괴이다.[156] 따라서 네그리는 국가의 파괴에 대한 레닌의 분석을 『요강』에 나오는 가치법칙의 파괴에 대한 맑스의 논증 [164~9]을 독해하면서 보완한다. 네그리가 볼 때 두 논점은 양립할 뿐만 아니라 함께 고려할 경우에만 일관적이다.

네그리는 국가의 물질적 기초와 그것의 파괴라는 논점을 같은 시기의 다른 글인 「빠슈까니스에 대한 재독해 : 토론을 위한 노트」(1973) "Rileggendo Pasukanis : note di discussione"에서도 대단히 상세하게 다룬다. 1920년대 쏘비에트의 주도적 법학자 중 하나였고 나중에 스딸린에 의해 숙청된 빠슈까니스는 네그리에 따르면 법철학에서 맑스와 레닌의 직관을 확장시킨 매우 드문 인물 중 하나이다.[15] 그렇다면 이러한 우회로를

---

15. 네그리는 빠슈까니스가 법이론의 분야에서 진정한 맑스적 관점을 획득한 최초의 (그리고 불행하게도 최후의) 인물이라고 주장한다. 라스크(Lask)와 루카치의 사법분석은 어떤 면에서 빠슈까니스의 그것에 근접한다.[164] 쏘비에트 철학에서 빠슈까니스의 역할을 알려면 『쏘비에트 법철학』(*Soviet Legal Philosophy*)에 붙인 존 해저드(John Hazard)의 훌륭한 서설을 보라. 빠슈까니스는 러시아 맑스주의자인 스뚜치까(P. Stuchka)의 작업과 오스트리아 신칸트학파 한스 켈젠의 작업을 공격하는 것으로써 스스로를 자리매김하였다.

택해 빠슈까니스의 이론에 깊이 파고드는 것이 가치있는 것
은, 네그리가 보기에 그의 분석이 국가철폐에 대한 담론에
포함된 풍성한 내용을 가장 분명하게 해주기 때문이다. 빠슈
까니스의 출발점은 현대의 법은 무차별적인 합리적 도식도
아니고, 명령과 폭력의 단순히 추상적인 부과도 아니며, 오
히려 자본주의 사회의 상품교환관계에 긴밀히 묶여있다는
것이다. "자본주의 사회의 부가 방대한 재화축적의 형태를
띠면서, 사회 자체도 사법적 관계들의 무한연쇄인 것처럼 보
인다."[*Soviet Legal Philosophy* 140] 그래서 빠슈까니스는 맑스
의 인도에 따라 사회적 교환관계들의 사법적 논리를 독해하
면서 법이론을 발전시키고자 한다. 네그리는 빠슈까니스가
법을 두 기능 — 사회적 생산의 조직화와 사회적 관계들에 대한
권위 혹은 명령 — 의 결합으로 제시했다는 점에서 근본적으
로 올바르다고 본다. 그러나 네그리는 이러한 법 개념을 상
품영역 뿐만 아니라 가치법칙에도 연결시켜야 한다고 주장
한다.[170] 자본이 발전하면서 법은 생산에서의 조직화기능
으로부터 명령기능으로 옮겨가는 경향이 있다. 이를 통해 법
은 잉여가치의 생산과 긴밀하게 묶이게 된다.[172] 상대적
잉여가치는 자본주의적 생산관계의 규범적 능력의 위치를
정하고 그 규범성을 착취와 지배로서 보는 맑스의 개념이다.
"법과 잉여가치과정. 따라서 부르주아적 법형식은 무엇보다

도 상대적 잉여가치가 발전하는 과정의 이중성, 즉 조직화와 폭력의 마디결합, 생산과 명령의 마디결합으로 스스로를 복잡한 방식으로 긍정하게 된다."[174] 부르주아적 법은 자본주의적 잉여가치생산의 다른 면이다. 여기서 우리는 국가를 파괴하자는 레닌의 요청이 포괄하는 엄청난 범위를 충분히 인식할 수 있다. 그 작업은 단순히 국가의 권위적 권력장치와 폭력장치의 철폐를 포함하는 것일 뿐만 아니라, 부르주아적 법과 그것을 구성하는 사회적 생산관계의 철폐를 포함하는 것이기도 하다. "맑스처럼 빠슈까니스는 법이 단지 자본주의 사회의 한 형식이 아니라 자본주의 사회에만 존재하는 형식이라는 것을 조금도 의심하지 않는다. 프롤레타리아적 법이란 존재하지 않는다."[188] 총체적인 자본비판은 문제의 뿌리까지 나아가야만 한다. 국가의 파괴는 법의 파괴를 필요로 하고 법의 파괴는 가치법칙과 노동관계 자체의 파괴를 필요로 한다.[191] "코뮤니즘적 투쟁은 시종일관 노동에 대항하는, 국가에 대항하는, 국가와 노동조직 사이에 특수한 권위적 관계형식을 구성하는 법에 대항하는 투쟁이 된다." [192] 빠슈까니스가 1920년대에 보았던 쏘비에트연합은 물론 단지 이러한 작업의 첫 번째 조치들을 성취했을 뿐이다. 그는 현대의 쏘비에트 사회를 "프롤레타리아 국가자본주의"라고 불렀다. 실제로 우리가 레닌과 빠슈까니스 양자에게서 발견한 혁명의 파괴적 계기와 코뮤니즘으로의 이행은 훨씬 더 근본적이며 그 범위도 훨씬 더 넓다. 우리는 헤겔의 논리를 뒤집어서 국가의 철폐가 또한 국가를 부양하는 시민사회의 철폐이기도 하다고 말할 수 있다.

레닌의 파괴적 계기의 깊이와 폭은 우리의 두 번째 논점을 구성하는 물음, "그것은 어떻게 가능한가?"로 이끈다. 우리가 부르주아적이고 자본주의적인 사회질서 메커니즘을 그러한 심오한 의미에서 파괴할 수 있다고 제안하는 것은 완전히 유토피아적인 것이 아닌가? 그러한 작업은 가능하다고 하더라도 시민상태에서 자연상태로 역행함으로써 단순히 무정부상태와 자의적 폭력을 낳는 것은 아닐까? 이러한 논점은 17세기 이래로 정치이론의 중심이었으며 종종 민주주의와 관련하여 제시된 심오한 대안을 넌지시 참조하게 한다.[16]

----

16. 정치철학사에서 이러한 대안의 가장 분명한 사례는 국가의 권위에 대한 홉스의 주장과 민주주의에 대한 스피노자의 견해 사이의 대립이다. 스피노자는 홉스와 그의 차이를 그의 (복셀Boxel에게 보낸) 50번째 편지에서 정식화하고자 한다. 여기시 그는 어느 누구도 자신의 판단력을, 따라서 자신의 지배력을 타인에게 양도할 수 없다고 주장한다. 하시민 중심 논점은 아마도 스피노자가 『정치론』 2부 4절에서 어떠한 동의나 계약도 단지 양편이 그러기를 원하는 한에서만 유효하다고 주장할 때 가장 분명하게 진술되었다고 할 것이다. 이렇게 초월적인 사회적 권위를 구축하는 사회계약을 실질적으로 거부하는 것이 스피노자가 홉스적 국가를 거부하는 토대이다. 물론 이러한 거부는 사회를 민주적으로 구성하는 주체인 다중(multitudo)의 힘에 기초할 때에만 가능하다. 스피노자에 대한 연구에서 네그리는 이러한 정치적, 철학적 대안을 권력(potestas)과 힘(potentia)의 차이로 자리매김한다. 우리는 나중에 이 문제를 다시 다룰 것이다. 그러나 레닌과의 관계는 분명하다. 국가의 초월적 권위를 파

레닌적 관점, 즉 국가의 철폐를 주장하는 입장은 아래로부터
사회를 구성하고 운영할 수 있는 물질적인 사회적 주체의 힘
에 의거해서만 유지될 수 있다. 국가는 저절로 사멸하는 것
도 아니고 어떠한 객관적인 모순법칙들이 기능하여 사멸하
는 것도 아니다. 국가의 파괴를 준비한 다음에 국가를 파괴
하는 주체가 있어야만 한다. 특히 여기 우리의 탐구의 입장
에서는 『국가와 혁명』에서 정점에 이른 레닌 사유의 세 번
째 국면은 (노동계급의 힘과 새로운 사회질서를 창조할 수
있는 노동계급의 역량을 확증한) 처음의 두 국면에 기초해서
만 가능한 것이다. 다른 말로 하면 사나운 파괴적 계기는 구
성적 계기의 힘, 자율적인 사회적 주체의 힘이 확증된 후에
만 해방될 수 있다. 자본주의 국가의 "위로부터의 지배"가
제공하는 질서와 사회적 조직화를 파괴하자는 제안은 사실
"아래로부터의 지배"를 할 수 있는 사회적 주체의 역량의 뒷
받침이 없다면 유토피아적이고 무정부의적인 것이 될 것이
다. 레닌은 국가가 존재하는 한 자유는 없을 것이며 자유가
있다면 국가가 더 이상 존재하지 않을 것이라고 주장한다.
이러한 레닌적 자유는 발전된 무정부상태로서, 노동계급의
충만하게 표현된 주체성이 질서를 만들며 조직화를 이루는

괴하는 능력(ability)은 주체로서 민주적인 사회질서를 구성하는 대중의 물질
적 역량(capacity)에 기초하는 것이다.

무정부상태로서 정의되는 것이 아마도 가장 좋을 것이다. "전투적이고 혁명적인 코뮤니즘은 무정부주의의 진실성을 확증한다."[163] 레닌적 자유는 무정부상태를 진실의 수준으로, 혹은 더 좋은 표현으로는 민주주의의 수준으로 끌어올린다.

우리의 분석은 종점에 이르렀다. 우리는 네그리의 연구에서 또 하나의 전환점에 도달했다. 그는 혁명전통을 부활시키고 온전하고도 강력한 형태로 반란의 논점을 제시했다. 그러나 이러한 제시의 완료는 그를 더 앞으로 나아가도록 강제한다. 모든 물음들이 전복의 담론 안에 잠재해있다. 만약 우리가 자본, 자본의 국가, 자본의 가치화 과정, 자본의 사회적 조직화를, 요컨대 사물의 현재 상태 전체를 파괴한다면, 무엇이 이 공백을 채울 것인가? 이러한 급진적 프롤레타리아 민주주의의 내적 메커니즘은 무엇인가? 무엇이 사회를 조직하기 위해 가치와 규범을 새롭게 창조할 수단인가? 이러한 새로운 주체의 내적이고 자율적인 일관성은 무엇이며, 무엇이 사회적 힘의 구성으로서 제시될 섯인가? 다른 말로 하면 일단 존재가 파괴된다면, 어떤 형태로 그것이 다시 만들어질 것인가? 네그리는 작업의 이 지점에서는 이러한 물음들에 적절한 대답을 가지고 있지 않다. 그가 말할 수 있는 전부는 "맨 처음 말과 맨 마지막 말은 항상 대중"이다.[*Fabbrica* 162]

분명 어떤 대답이든 민주적 광장에서 나와야 한다고 말하는 것이 좋은 출발이긴 하지만, 이것이 문제를 속속들이 다룰 수 있는 것은 결코 아니다. 주체, 힘 그리고 존재—이것들이 네그리 사유의 근본적인 축들로 남아있기는 하지만, 연구의 다음 국면에서 그는 초점을 파괴적 계기에서 구성적 계기로, 주체, 힘 그리고 존재의 구성이라는 논점으로 이동시켜야 한다.

3장

코뮤니즘의 구성

(1973~1978)

3장

코뮤니즘의 구성
(1973~1978)

우리는 1973~74년의 이딸리아 사회투쟁의 진행과 네그리 사유의 발전에 있어서 또 하나의 전환점에 도달한다. 이 시점에서는 68혁명의 폭발과 함께 생겨난 많은 정치조직들이 위기에 처했다. 네그리가 활동한 그룹인 <노동자의 힘>은 1973년에 그것의 형태가 더 이상 사회투쟁의 욕구에 적절하시 않다는 것을 알고 해체하기로 결정하였다. 하지만 이딸리아에서 68의 혁명적 열정이 1973년에 소진되었다고 말하는 것은 옳지 않다. 오히려 그것은 근본적 변형, 탈중심화, 다양한 사회적 형태들로의 증식을 거치면서 그 강렬성을 지속하였다. 이렇게 1970년대를 통해 지속된 강렬성이 이딸리아 사회투쟁을 유럽의 다른 곳들과 미국에 비해서 이례적인 것으로 특징짓는 한 측면이다. 그러나 다루고 있는 문제의 내용을 고려할 때 이 시기는 이딸리아의 정치적 이례성의 종말을 나타낸다. 자본의 재구조화가 이딸리아의 경제를 다른 유럽 국가의 발전과 발을 맞추게 했고, 운동들을 통한 정치적 실험은 1970년대 이래 제1세계 전체가 직면한 주된 문제 ─ 점증하는 노동의 추상성과 사회성, 사회투쟁의 자율성과 다양성, 따라서 새로운 사회주체의 특징 ─ 에 초점을 맞추게 했다. 바꾸어 말하자면, 1973년과 1978년 사이에 이딸리아 사회운동은 우리가 오늘날 직면하는 분석과 조직화의 문제들을 다루는 최초의 시도를 했던 것이다. 네그리는 (공장생산, 전위운동 등으로 특징지어지는) 19세기가 1968년까지 지속되었다고, 파열이 너무도 폭발적이어서 우리는 곧바로 21세기로 진입했다고 말하길 좋아한다. 이 21세기의 처음 몇 해들이, 새로운 사회적 조건에 익숙해지기 위해서 노력하는 광범위한 실험으로 특징지어진다는 것은 놀라운 일이 아닐 것이다. 다시 한 번 네그리는 그의 이론화에 있어서 사회적 실천의 혁신과 진화에 보조를 맞추어 따르려고 시도한다. 그는 이 혁신과 진화를 해석하려고, 그것들에 일관성과 위력을 부여하고자 한다. 이번 장에서는 네그리의 이론화가 대중들의 실천을 따를 뿐이라는 점이 훨씬 더 분명해진다.

우리가 앞에서 보았듯이, 네그리의 작업 뒤에 놓여 있는 실천적, 정치적 압력과 영감을 조명하려면 진지한 역사적 연구가 필요할 것이다. 여기서는 간략한 역사적 스케치에 만족해야만 할 것이다. 우리는 아주 일반적으로 1973~74년의 운동의 위기에 세 가지 주요한 원인들이 있다고 말할 수 있다. 1) 정치적 조건 : PCI(이딸리아 공산당)와 여당들(특히 기민당) 사이에 있었던 1974년의 "역사적 타협"은 정치적 연대에 있어서 심오한 변화를 나타내는 것이었으며 그전에 운동이 이루어졌던 사회적 공간을 실질적으로 파괴했다. 1960년대에 공산당의 좌익은 야당 세력이었고 운동과 여당들 사이에서 일종의 완충기로 기능했다. 예를 들어 마리오 트론띠Mario Tronti와 맛씨모 캇차리는 이론가로서 PCI에 그리고 의회 외부의 운동에 모두 활발하게 참여했다. 하나의 맥락에서 다른 맥락으로 움직이는 그들의 유동성이, 논쟁에 대한 PCI의 개방성과 (비록 제한된 것일지라도) 좌파를 가로질러 가능했던 실제적 연속성을 입증한다. 그러나 PCI가 야당으로서의 자세를 포기한 이후에 연속성은 불가능하게 되며 운동은 모든 공적 정당에 맞서는 분리된 지형에 자리하게 된다.[1] 2) 경제적 조건 : 이 시기에는 자본주의적 재구조화가

---

1. 칠레의 쿠데타와 아옌데 정부의 잔인한 종말도 운동에 크나큰 영향을 미쳤다. 그것은 선거와 평화적 투쟁이 사회변화를 성취하는 데 성공할 수 없는 사례로

생산을 탈중심화하고 초점을 대규모의 대량생산공장으로부터 이동시킴으로써 생산의 현저한 변형을 성취한 상태였다. 자본의 전략이 생산의 사회화를 향하여 밀고 간 것이었다. 1920년대와 1930년대에 자본주의적 재구조화가 그 시기의 범례적 노동자 주체성(전문노동자)의 조건들과 전위적 조직화 형태(전문적 전위)를 파괴하기 위해 생산을 대량화하고 노동력을 탈숙련화하도록 기획되었던 것처럼, 1970년대 초의 자본주의적 재구조화는 대중노동자의 조건들과 대중적 전위의 조직화형태를 부식시키기 위해 생산의 사회화를 목표로 삼았다. 1973년에 투사들 사이에서는, 대규모공장의 대중노동자들이 더 이상 노동자 주체성의 범례 혹은 초점이 될 수 없고 더 이상 사회적 투쟁지평에서 헤게모니를 발휘할 수 없다는 인식이 널리 퍼져 있었다. 3) 사회적 조건 : 부분적으로는 생산에서의 이러한 변화에 대한 응답으로, 또한 투사들의 장기간의 긴장에 대한 응답으로, "운동의 주체성, 그 문화, 그리고 미래를 향한 전망에 변화가 일어났다."["Do You Remember Revolution?" 235] 운동은 새로운 복수성複數性과 특수한 사회적 성격을 발전시켰다. 대중노동자의 죽음(혹은 안락사)은 향수병의 시기를 동반하지 않았으며,[2] 심지

보였고 그리하여 운동의 급진화에 기여했다.
2. 오래된 공장투쟁에 대한 향수병이 없다는 점이 "오페라이스모"를 "파브리키스

어는 혁명적 활동의 소강상태를 동반하지도 않았다. 오히려 그 활동의 에너지를 다른 사회적 차원으로 전위轉位시켰던 것이다.

운동의 이러한 변형에는 몇몇 측면이 있지만, 이 시기에 이혼에 대한 국민투표(1974)를 중심으로 하는 점증하는 페미니즘 운동을 모범적인 사례로서 그리고 운동의 다른 부분들에 대한 영감의 원천으로 볼 수 있다. "공동체주의적이고 분리주의적인 실천, 정치에 대한 비판과 힘의 사회적 표현, 욕구와 욕망을 '일반적으로 대의'하려는 모든 형태에 대한 깊은 혐오, 그리고 차이에 대한 사랑을 특징으로 하는 페미니즘 운동은 이 새로운 국면에서 운동의 가장 분명한 전형으로 간주되어야 한다."["Do You Remember Revolution?" 236] 이러한 새로운 국면에서 조직화의 실험은 다양한 집단들(페미니스트들, 노동자들, 학생들, 실업자들)을 모두 함께 느슨하게 조직된 네트워크로 연결하고자 했던 아우또노미아Autonomia라 불리는 새로운 연대형 단체로 가장 잘 대변될 것이다. 실제로 운동은 "분리의 논리"를 발달시켰는데, 투쟁은

모"(fabbrichismo, 공장주의)로부터 분리시킨다. 영어 "workerism"의 용법과 프랑스어 "ouvrirérisme"가 "fabbrichismo"에 상응하는 데, 이 단어들이 공장 밖 사회투쟁의 힘을 인식할 수 없거나 인식하지 않으려는 사람들을 멸시적으로 가리키기 위해 사용된다는 점에서 그렇다. 오페라이스모의 특징은 변화하는 노동의 본성과 보조를 맞추어 스스로를 변형시킬 수 있었다는 데 있다.

이 분리의 논리를 통해 자본과 국가의 힘들로부터 독립된, 어떠한 통제의 변증법으로도 재구성되지 않는 발전과정을 따르려고 하였다. 그래서 "아우또노미아 오페라이아"(노동자 자율주의)Autonomia operaia의 목표중 하나는 노동자와 자본의 변증법적 관계를 끝내는 것과 자본의 주기적 발전의 지속을 끝내는 것이었다. 운동의 새로운 분리성은 불연속적인 발전 형태를 추구했다. 내부의 자율적 논리를 분명히 표현하기 위해 적과 단절해야 했다. 자율주의의 이상은 또한 운동의 조직화에 있어서 혁신적 시도들 예컨대 지도와 관심의 복수성, 의사결정의 철저한 민주화와 관련된다. 실제로 아우또노미아의 조직화 구조는 끊임없이 유동적이면서, 지속적으로 많은 다양한 국지적 자율주의 그룹들을 통합하기에 적절한 수단을 탐색하는데, 이들 다양한 국지적 자율주의 그룹들은 결코 중앙집중화된 지도적 권위에 권력을 양도하지 않으면서 일관된 전국적 투쟁의 유연한 틀 안에서 그들 자신의 개별적 기획을 갖고 있다. 지하에서의 연결이 다양한 "두더지 부족들"tribes of moles을 모두 함께 연결하는 것으로 여겨졌다.[3] 아우또노미아의 조직화 실험들의 구체적 형태들과 그 상대적

---

3. 아우또노미아의 조직구조들을 기술하는 것으로는 프랑코 베라르디(Franco Berardi), "The Anatomy of Autonomy," *Semiotext(e)*, *Autonomia : post-political politics* 특별호, 148~171 참조. 또한 같은 특별호의 글 쎄르조 볼로냐(Sergio Bologna), "The tribe of Moles" 참조.

성공이 앞으로 적절하게 분석되어야 하지만, 우리의 이론적 관점에서 볼 때 중요한 것은 운동의 실제적 복수화 및 사회화에의 시도와 분리의 논리의 마디결합이다.

1. 『자본론』에서 『정치경제학 비판 요강』으로

이 시기에 네그리는 사회투쟁의 변형에 보조를 맞추기 위하여 이론적 관점을 이동시킨다. 우리는 네그리의 작업에서 이전에 일어난 전환점을 노동계급주체의 힘을 포착하고 그것을 이론의 중심으로 가져오기 위한 시도인 "주체론적 휴지"로 정의했었다. 두 번째 전환점은 그 휴지의 보강이다. 네그리는 레닌적 의미의 노동자를 공장 밖으로 데리고 나와야만 했는데, 주체에 실제적 복수성과 특수한 사회적 정의를 허용하는 한편 강력한 주체관은 유지하면서 그렇게 해야 했다. 앞에서 우리는 첫 번째 전환점이 맑스에서 레닌으로의, 혹은 더 정확하게는 비판적 맑스주의의 이론틀에서 레닌적 맑스주의 ─ 프롤레타리아적 기획의 맑스주의 ─ 의 이론틀로의 이동을 통해 성취되었다고 말했다. 프롤레타리아의 기획은 더 이상 자본에 대한 이론적 비판에 종속되지 않으며, 오히려 비판이 기획에 복무하는 것이다. 이제 두 번째 전환점에서 네그리는 주체적이고 기획적인 이론화에 구성적 실천이라는 확고한 토대를 부여함으로써 예의 변형을 공고히 해야 한다. 네그리는 특유의 속기로 두 전환점에 걸쳐있는 이 이론적 변형 전체를 맑스의 작업에서 『자본론』에서 『요강』으로의 이동으로서 요약한다. (우리는 레닌을 첫 번째 맑스를 두 번째 맑스에 연결하는 돌쩌귀로 볼 수 있다.) “『자본론』에서 『요강』으로 ─ 이는 자본주의적 가치화에 대한 비판에서 노동의 자기가치화론에 대한 앎으로 이동하는 것을 말하는 것이다. 오늘날 이는 정당한 경로이다.”[*Forma Stato* 23] 그래서 만약 첫 번째 전환점이 맑스에서 레닌으로 가는 지형의 지도를 그리는 것이라면, 이 두 번째 전환점은 레닌에서 맑스로, 레닌 너머의 새로운 맑스로 움직이려는 시도이다. 바꾸어 말하자면, 반란의 이론 너머에 있는 맑스, 이 적대의 계기를 통합하고 새로운 지형에서 코뮤니즘의 직접적 구성을 탐구하는 맑스로 움직이려는 시도인 것이다.

그런데 네그리가 『요강』에서 새로운 맑스를 “발견”한 것이 갖는 의미는 무엇인가? 맑스주의 연구에서 맑스의 저작들 중에서 우선순위를 재편하려는 몇 번의 시도들이 있었다. 『1844년 수고』를 복권하려는 인문주의자들의 노력과 「포이에르바하에 관한 테제」와 『자본론』이 우선적이라는 구조주의자들의 주장은 단지 가장 유명한 두 사례일 뿐이다. 물론 중요한 것은 맑스의 사유의 “참된” 중심에 관한 어떤 문헌

학적 논증이 아니라 맑스의 사유의 궤도를 일정하게 배열함
으로써 제공받게 되는 가능성들이다. 그렇다면 네그리에게
『요강』으로의 재정향은 맑스의 작업에서 주체의 구성과 긍
정적, 건설적 전망의 구성에 초점을 맞추는 것을 나타낸다.
『자본론』은 "비판을 경제이론으로 환원하는, 객체성 속에서
주체성을 말소하는 데 복무하는" 문헌이다.[*Marx*, 18~19]
반면에 "『요강』은 자본의 과정에서 혁명적 주체성을 분석하
기 위한 …… 주체적 접근법을 구성한다."[9~10] 네그리는
맑스의 텍스트들의 우선순위의 전도를 맑스의 사유의 주체
적, 기획적 특징을 부각시키는 테크닉으로서 사용한다.

　『자본론』을『요강』에 종속시키는 것은 분명 논쟁의 여
지가 있는 조치이다.『맑스를 넘어선 맑스』의 불어판 서문
에서 얀 물리에 부땅Yann Moulier-Boutang은 네그리의 해석을
알뛰세르에 대한 직접적 응답으로 본다. 책을 구성하는『요
강』에 대한 네그리의 강의는 10여 년 전에 알뛰세르의 유명
한『자본론』에 대한 세미나가 열린 고등사범학교에서 알뛰
세르의 초청으로 이루어졌다. "『사본론』을 읽은 이후에, 그
결과로서『요강』을 읽는 것. 이는 그것이 재구조화에 대한
적극적 비판이라는 점에서, 내게 근본적으로 루이 알뛰세르
의 이론적 입장에 대한 가장 총괄적이고 분명한 응답들 중
하나인 것으로 보인다. 실제로 그것은 그 자체로 일관된 체

계로 시작한다."[iii] 그렇다면 네그리의 부담은 그의 접근법의 적시성適時性을 보여주어야 된다는 것이었다. 비록 알뛰세르의 세미나가 이루어졌던 시기(1965)에는 『자본론』 독해와 그 비판적 접근이 적실했을지라도, 오늘날은 (혹은 적어도 1978년에는) 『요강』과 그 구성적 방법에 대한 해석이 사회운동의 이론적, 실천적 욕구에 더 적절한 것이다.

우리는 이미 네그리의 사유의 이 시기에 다루어져야 하는 몇몇 이론적 과제들의 윤곽을 그린 바 있다. 그러나 우리가 다루어야만 하는 더 중요한 주제 하나가 더 남아있는데, 그것은 존재론적 구성의 과정이다. 앞장에서 우리는 네그리의 레닌주의의 파괴적 힘을 검토했다. 이는 해방된 주체성의 첫 번째 계기로서, 그 종속의 조건들을 파괴하고 착취대상인 한에서 스스로를 파괴하는 것이다. 이러한 적대적, 파괴적 힘이 바로 긍정적 존재론으로 가는 길을 열었던 것이다. 이제 첫 번째 계기는 해방된 주체성의 두 번째 계기, 긍정적, 구성적 계기로 보완되어야만 한다. 이러한 구성적 존재론의 긴장, 긍정적 사회적 지평으로 향하는 이러한 경향이 이 시기 네그리의 사유를 관통하여 추진력으로, 동력으로 작동한다. 네그리의 용어로 이는 코뮤니즘의 구성을 위한 기획이다. 그렇다면 우리는 코뮤니즘에 대한 맑스의 가장 발전된 전망으로서의 『요강』으로 되돌아가는 셈이다. 이전 시기에 레닌은 존재론적 휴지, 구성적 존재론으로의 열림을 제공했다. 이제 네그리는 맑스에게로 되돌아가서 이러한 존재론적 잠재력을 성취하고, 그것을 실체substance로 채우는 것이다. "분명 여기서 드러나는 참으로 기이한 존재론이 있다. 이 존재론은, 첫 번째 자연인 세계 위에서 두 번째 자연인 자본에 대항하여 세 번째의 코뮤니즘적 자연을 통해 고유한 포괄적인 힘을 구성하는 가운데 교환가치의 세계를 전복하는 프롤레타리아의 집단적 실천의 힘 위에서 모두 펼쳐진다."[*Forma Stato* 23] 『요강』은 네그리로 하여금 코뮤니즘을 자연으로서, 제3의 자연으로서, 즉 존재의 무게와 실체성을 갖고 있는 집단적 구축으로 제시하게끔 하였다.

비록 여기서 다루는 시기(1973~1978)에 네그리가 이러한 존재론적 시각을 구체화하는 데 충분히 성공하지는 못하고 있다는 게 맞을지라도, 이러한 한계가 그가 이 목표를 위해 마련하는 데 성공했던 요소들을 우리가 모으고 분석하는 걸 막는 것은 아니다. 그러므로 우리는 필요한 경우에는 이 시기의 다른 텍스트들을 소개하면서 그리고 그의 노력을 추동하는 이론적, 실천적 과제들과 압력들을 명심하면서, 그의 『요강』 해석의 경로를 따라 갈 것을 제안한다. 마지막으로 우리는 이러한 문제들을 더 파고들기 위해 계획된 그의 나중의 연구방향의 대강을 그려볼 것이다.

2. 사회주의는 불가능하다 : 가치법칙의 위기

1960년대의 이례적인 호황에 뒤이은 1970년대 이딸리아의 경제위기는 이미 팽팽해져있는 사회적 관계들에 긴장을 더 하였다. 이딸리아 국가는 통화정책의 확대를 통해서 위기를 관리하고자 하였는데, 곧 통화정책은 자본이 노동계급에 대항하여 휘두를 수 있는 무기이자, 효과적으로 임금을 낮추며 대량으로 잉여가치를 추출하는 수단으로 인식되었다. 정치투쟁들 전체에 걸쳐서 화폐는 가치유통을 위한 무차별적 매체로 간주된 것이 아니라 정치적 무기로서, 계급갈등의 한 장소로서 간주되었다. 네그리는 이러한 정치적 논쟁을 확대하여, 화폐의 역할이라는 문제를 자본주의적 가치화 체계 전체의 관점에서 제시함으로써 그 논쟁에 견고한 근거를 부여하고자 했다. 일찍이, 달러를 금표준으로부터 분리한 닉슨조치 직후인 1971년에, 네그리는 가치법칙의 "위기"에 대해 말했는데, 이는 노동을 사회적 가치체계의 근본규범으로 제시하는 자본주의적 과정의 위기에 다름 아니었다. 네그리가 서술하는 바에 따르면 가치법칙은 국가구조를 사회적 세력들을 객관적 혹은 무차별적으로 매개하는 역할을 하는 것으로 제시하지만 사실은 자본의 가치화과정을 제도화하고 그리하여 노동계급에 대한 착취를 매개하는 형식적 사법이론과 관련된다. 그래서 법형식주의의 위기, 즉 1968~69년의 노동자들의 공격으로부터 귀결된 계획자국가 및 복지국가의 위기는 가치법칙의 위기를 동반했던 것이다.

그런데 네그리에게 이전에는 계급투쟁의 역사적 발전으로서 나타났던 것이 맑스의 도움으로 이제는 이론적 발전으로 공고화된다. 바꾸어 말하자면, 노동자운동의 이러한 진전과 자본주의국가의 이러한 변화가 있기 오래 전에 맑스는 자본주의적 가치화체계의 이러한 위기를 이론의 형태 — 위기는 가치법칙 자체에 내재한다 — 로 인식하고 발전시켰던 것이다. 네그리는『요강』의「화폐에 관한 장」에서 이러한 주장이 가장 온전한 형태로 표현된 것을 발견한다. 네그리에 따르면 여기서 가치를 논하는 맑스의 접근법은『자본론』에서의 접근법보다 현저한 이점을 보여준다.『자본론』에서는 상품에서 시작하여 가치를 다루지만,『요강』에서는 곧바로 가치의 섬뜩한 적대적 측면인 화폐에서 시작한다.[*Marx* 24]『요강』에서 화폐에 대한 맑스의 논의는 프루동과 사회주의에 대한 비판으로 틀잡혀있다. 여기서 맑스와 네그리 모두 "사회주의"를 평등을 위해 노력하지만 자본주의적 가치화과정을 보존하는 사회로 이해한다. 맑스에 따르면 프루동은 화폐를 사회적으로 필요한 노동에 구현된 가치를 적실히 재현하는 일반적 등가물로 파악한다. 프루동적 관점에서 민주주

의는 교환가치의 총체적 실현과 사회적 확산이라고 할 수 있
다. 맑스가 보기에 프루동은 자본을 보존하면서 단지 자본가
를 제거하기를 원한다.[38] 프루동에 대한 맑스의 논쟁적인
응답은 만약 화폐가 등가물이라면 그것은 불평등의 등가물
이며, 착취의 등가물이라는 것이다. 바꾸어 말하자면 자본주
의적 가치화과정은 단순히 사회적으로 필요한 노동에만 기
초할 수 없으며, 그것의 토대인 잉여가치를 포함해야만 한
다. 만약 생산과정이 창조된 가치가 자본가에 의해 지불된
가치와 등가인 지점 너머까지 수행되지 않는다면, 그것은 단
순히 가치창조과정일 뿐이라고 맑스는 설명한다. 자본주의
적 가치화를 정의하는 특징은 두 가치가 동등하지 않다는 것
이다.(앞의 4장 5절 참조) 프루동의 사회주의는 화폐가 (그리
고 화폐를 지탱하는 임금노동이) 언제나 그리고 필연적으로
착취에 기초해있기 때문에 가능하지 않은 유토피아적 시각
이다. 이러한 틀에서는 "착취에 대해서 말하지 않으면서 가
치에 대해 말할 수는 없다 …… "[24] 가치법칙의 사회주의
적 완성은 착취의 자본주의적 완성과 손을 맞잡고 가며, 양
자는 동일한 것이라고 할 수 있다.

사회주의에 대한 이러한 논박은 이딸리아의 1970년대
맥락에서 읽혀야만 한다. 역사적 타협 이후에 유로코뮤니즘
의 한 모델로 환영받은 PCI는 자본에의 긴밀한 참여라는 정

책을 옹호했다. 종전 직후에 중심적이었고 1960년대에 걸쳐 남아있던 당의 혁명적 목소리들은 이제 거의 침묵했다. 네그리가 (자본주의적 가치화를 보존하면서 평등을 제안하는 것으로 정의되는) 사회주의에 대한 맑스의 거부를 강조하는 것은 분명 PCI의 정책에 대한 고발로서 이루어진 것이다. 가치화의 문제는 사회주의 정치학을 탈신비화하고 무대를 두 진영으로 나누는 데 복무한다. 한쪽에 자본주의 가치화를 지지하는 자들이 있고 반대쪽에는 그것에 반대하는 자들이 있는 것이다.

네그리는 『요강』에서 가치를 전적으로 화폐의 형태로 제시하는 맑스의 논증전략은 사회주의가 불가능함을 논증할 뿐만 아니라, 위기가 바로 자본주의적 가치화과정 자체에 필수적인 요소라는 걸 논증하기 위해서 계획되었다고 주장한다. "화폐는 …… 가치법칙이 곧 위기라는 것을 직접적으로 보여준다."[40] 화폐형태가 가치법칙에 관하여 명확하게 하는 것은 그 법칙이 가진, 매개에 의해서가 아니라 명령에 의해서 특징지어지는 관계로 향하는 경향이다. 즉 맑스가 가치를 화폐로 간주할 때, 화폐는 매개의 객관적이고 무차별적인 형식으로 나타나는 것이 아니라 권력이 발휘하는 주체적 형식으로 나타난다. "가치형태인 화폐는 일반적으로 소유관계를 대표하고 실체적으로 권력관계를 대표하는, 불평등의 관계이다."[32] 핵심적인 것은, 맑스에게 있어서 화폐를 논의의 중심에 놓는 것은 가치법칙을 객관적으로 다루는 것이 잉여가치법칙을 주체적으로 다루는 것에 의해 대체되어야 함을 분명하게 해준다는 것이다.

화폐에 대한 맑스의 분석에서 네그리는 가치법칙의 위기로부터 자본주의적 명령의 구축으로의 이론적 발전을 읽어낸다. 여기서 우리는 네그리가 "위기"라는 용어를 특별한 의미로 사용하고 있음을 기억해야 한다. 신비화를 폭로하긴 하지만, 이 신비화는 어느 정도는 계속 효과를 발휘하고 있는 신비화인 것이다. "가치법칙의 위기에 대해 말할 때에는 주의하는 것이 필요하다. 사실상 법칙의 위기는 법칙의 시행을 폐지하는 것이 아니고, 그 형식을 변경하는 것 즉 그 형식을 국가의 명령이라는 형태로 정치경제적 법칙으로 변형시키는 것이다."[*Dominio* 13] 그래서 요약하자면 "위기"가 분명하게 만드는 것은 가치법칙이 객관적이고 무차별적인 형식적 구조로 작동하는 것이 아니라 오히려 자본의 주체이자 자본의 사회적 조직화로서 작동한다는 것이다. 위기는 법칙에 함축된 명령을 표면으로 가져온다.

맑스의 「화폐에 관한 장」에 대한 네그리의 독해에서 나오는 매우 중요한 방법론적 논점이 있다. 여기서는 "시민사회" 개념이 사회정치적 담론에서 절대적으로 배제되어 있다.

헤겔적 정치이론에서 시민사회는 개별적 힘들의 복수성과 국가의 통일성을 매개하는 요소이다. 헤겔적 전통에 서있는 많은 맑스주의자들은 (그중에서 그람시를 주목할 만하다) 시민사회에서 일어나는 사회적 교류의 무차별적 매개의 힘을 조직화의 근본원리이자 진보적 변화의 핵심요소로 찬양해왔다.4 그러나 네그리는 계획자국가의 역사적 위기가 닥치고 위기국가가 도래하면서 그러한 사회적 매개의 힘은 존재하지 않게 되었으며 오히려 국가가 사회적 교류의 규칙들을 직접적으로 부과해야만 한다고 주장한다.[*Proletari* 30~31] 그래서 사법적 규범에 대한 형식적 파악과 관련된 시민사회 개념은 근본적으로 적용성을 상실한다. 그러나 더 나아가서, 그리고 아마도 더 중요한 것으로, 맑스의 「화폐에 관한 장」은 시민사회 개념의 심부에 있는 가치의 공평한 매개가 자본주의적 틀에서는 불가능하다는 점을 명백히 한다는 것이다.

---

4. "시민사회"의 역할에 대한 철저한 분석과 그람시의 사유에 미친 헤겔의 깊은 영향에 대해서는 Norberto Bobbio, "Gramsci and the conception civil society", in *Which Socialism?*, pp.139~161 참조. 그람시를 맑스적이라기보다는 헤겔적이라고 보는 보비오의 독해는 이딸리아에서 대단한 영향력을 발휘했고 이는 그람시의 이론작업이 왜 네그리와 그의 동료들에게 거의 관심사가 되지 못했는지를 입증한다. 실제로 최근에 영미권(英美圈)에서 지대한 관심을 일으킨 개념적 요소들 — 헤게모니, 문화 등 — 은 보비오의 독해에서 시민사회개념에 포섭된다. 오페라이스모의 구성원들은 그람시의 이론보다는 공장평의회운동에서 행한 그의 정치적 작업을 더 유익하다고 본다. 그람시 문학론에 대한 대안(혹은 그것의 급진화)으로는, Alberto Asor Rosa, *Scrittori e popolo* 참조.

토대로서의 가치법칙이 없으면 시민사회 개념은 무너지며, 사회적 지평에서의 ─ 한편에서는 착취하는 자들과 다른 편에는 착취당하는 자들의 ─ 노골적인 적대만이 뒤에 남는다.[5]

마지막으로 맑스의 논의의 선을 따르면서 이러한 맥락에서 해방의 기획을 제안한다면, 그것은 가치로부터의 즉각적인 해방이어야 하는 것처럼 보인다.[*Marx* 26] 가치생산을 위한 메커니즘의 그와 같은 급진적 파괴는 분명 완료된 과정으로서 자립적일 수 없다. 더 정확하게 말하자면, 그러한 제안은 순전히 무정부의적인 전망을 구성할 것이다. 그래서 네그리는 노동계급이 자신들의 생산력을, 그 창안능력과 창조적 힘을 사용하는 게 가능한지, 스스로를 자율적으로 가치화하는 게 가능한지 묻는다.[*Proletari* 45] 자본주의적 가치화과정의 대안으로 존재하는 프롤레타리아의 자기가치화가 있는가? 이것이 바로 네그리로 하여금 맑스의 논증의 발전을 추적하기 위해서 『요강』으로 되돌아가게 하는 물음이다.

---

5. 현대의 사회적 상황에서 "시민사회" 개념의 적용불가능성을 광범위하게 다룬 것으로 Negri, "Journeys through civil society (In memory of Peter Brückner)", in *The Politics of Subversion*, pp. 169~76 참조.

3. 잉여가치와 이윤

그러나 맑스는 자본주의적 가치화에 대한 분석에서 곧바로 프롤레타리아의 자기가치화에 대한 분석으로 옮겨가지 않는다. 그의 추론은 우선 발전된 잉여가치론을 통해 새로운 토대를 명료화하는 것을 필요로 한다. 네그리에 따르면, 맑스에게는 명령으로서의 화폐에 대한 분석이 잉여가치론을 위한 출발점 역할을 한다. 잉여가치론은 우리가 화폐에 대한 분석에서 보았던 것과 동일한 지형을 포함하는데, 이번에는 전도된 관점으로 그렇게 하며, 그래서 그 담론은 자본이라는 주체가 아닌 노동계급이라는 주체를 출현시키게 된다. "화폐는…… 자본의 명령을 한데 연결하는 검은 실이다. 잉여가치론은 똑같은 작업을 노동자들의 관점에서 하는 붉은 실이다."[Marx 63] 따라서 우리는 맑스와 함께 되돌아가서 이번에는 노동자의 입장에서 노동과 가치의 근본적 관계를 재검토할 필요가 있다.

잉여가치론을 분석하는 길을 연 기본적 구분은 노동시간을 필요노동시간과 잉여노동시간으로 나누는 것이다. 맑스의 추론의 기품 있는 단순함은 정치적 무기로서 논증이 가진 주된 강점이다. 필요노동의 가치는 정해진 시간 동안에 노동자가 스스로를 재생산하는 데 드는 비용으로 정의된다. 자본가는 노동관계를 지속하기 위해 이를 노동자에게 지불하도록 강제받는다. 그러나 노동자는 이 가치를 생산하는 데 필요한 시간보다 더 일한다. 이러한 잉여노동시간에 창조되는 가치가 잉여가치이며, 이는 자본가의 몫이 된다. 네그리는 잉여가치론에 힘을 부여하는 이러한 기본적 토대의 두 측면을 주목한다. 첫째, 맑스의 가치법칙으로부터 잉여가치법칙으로의 이동이 주체들 사이의 주요한 적대를 중심 무대로 가져온다. "잉여가치론은 …… 직접적으로 착취론이다."[74] 이러한 관계 속에서 정의된 적대가 노동자들에 의한 노동관계의 전복의 맹아이며 노동자 주체성의 시작이다. 둘째, 맑스는 필요노동 개념을 정의할 때 "필요(한)"라는 용어를 특별한 방식으로 사용한다. 재생산비용은 물론 인간 유기체의 최소한의 생물학적인 욕구와 관련될 뿐만 아니라, 더 중요하게는 특수한 역사적 맥락에서 사회적으로 필요한 것으로 받아들여지는 욕구, 욕망, 기대와 관련된다. 재생산비용의 가변성, 따라서 필요노동의 가변성이 잉여가치론의 적극적 측면의 역동적 핵심이다. 네그리에 따르면 프롤레타리아의 투쟁은 재생산영역, 비노동영역을 넓히려고, 따라서 필요노동의 가치를 증가시키려고 지속적으로 노력한다.[71~72] 필요노동 비율의 증가와 잉여노동 비율의 감소— 이것이 잉여가치에 대한 맑스의 정의가 시사하는 최초의 전략이다. 필요한 것의 집단적 구축構築이 근본적인 정치적 목표이다. 그러나 이러한 전략의 강점과 실행가능성을 제대로 인식하려면 우선 이론의 완전한 전개를 기다릴 필요가 있다.

잉여가치론은 자본주의적 가치화과정을, 즉 착취관계를 노동자들의 시점에서 미시적으로 분석한 것이다. 맑스는 이 이론을 이윤론에서 거시적 수준, 사회적 수준으로 확장한다. 네그리에 따르면 이윤론은 유통에서의 착취의 이론, 즉 사회적 착취론이다. "이윤범주는 개별적 잉여가치의 평준화에 그 기원을 두고 있다. 바꾸어 말하자면, 이윤은 사회화된 잉여가치이다."[92] 미시적 수준에서 거시적 수준으로의 이동은 잉여가치의 사회화에 초점을 맞추게 한다. 혹은 더 정확하게는 사회적 범주로서의 잉여가치의 분석에 초점을 맞추게 한다. 이러한 이론적 이행을 특징짓는 사회적 확대는 중요한 귀결을 가져온다. 잉여가치가 개별적 생산과정에서, 즉 필요노동과 잉여노동 사이에서 규정되는 적대관계에서 산 노동을 착취하는 것과 관련되는 반면에, 이윤은 착취의 결과들을 개별적 노동과정들의 차이와는 관계없는 고정된 사회적 형태로 취한다.[90] 그래서 이윤론으로 정의된 적대는 더 이상 필요노동과 잉여노동의 대립이 아니라, 이제 산 노동과 대상화된 노동의 대립이 된다. "산 노동의 주체성은 죽은 노동이 착취권력으로 공고화되는 것에 매우 적대적인 방식으로 대립하기 때문에 가치로서의 자신, 착취된 본질로서의 자신을 부정하고 그리하여 스스로를 가치와 착취의 부정으로 제시한다.[98] 이는 사회적 적대를 더 높은 분석의 수준으로 밀고 나아간 것이다. 산 노동과 대상화된 노동의 모순은 계급들 사이의 적대에서 주체의 형상을 취한다. 그렇다면 우리는 잉여가치론으로부터 이윤론을 경유하여 계급투쟁론에 도달하는 것이다.

지금까지 우리는 사회화된 생산과정을 노동자들의 시점에서 이론적으로 분석하는 과제를 향한 경로의 절반을 횡단하였다. 여기서 계급투쟁론과 융합하는 맑스의 발전된 잉여가치론이 강력한 이론적인 파괴적 계기를 제시하였다.[103] 네그리는 1970년대의 투쟁에서 이러한 적대의 이론 또한 실천적으로 되살아나게 한다. 맑스 이론의 파괴적 계기는 사회적 통제에 대한 사보타지에 의해서 특징지어지고 또한 독립적이고 자율적인 조직화논리의 명료화에 의해서 특징지어지는 실천으로 옮겨진다. 자본주의적 통제의 탈구조화이며 탈안정화인 사보타지는 필연적으로 폭력의 실천을 내포한다. "프롤레타리아의 폭력은 코뮤니즘의 징후이다."[*Marx* 174] 그것은 프롤레타리아 지성의 표현이며 변화의 전제조건이다.6 그러나 폭력은 이러한 징후적인 역할을 넘어 사회변형에 실질적 역할을 한다. "폭력은 프롤레타리아의 가치화를 체계의 탈구조화(해체)에 연결시키고, 다시 후자를 정치체제의 탈안정화에 연결시키는 합리적 실이다."[68] 그러나 우리는 1973년 이래로 폭력의 사용과 조직화에 대한 네그리의 생각이 분리의 논리와 자율의 이론에 따라 다소 변화했다는 사실에 민감해져야만 한다. 이 시점에서 그는 프롤레타리아의 폭력을 "자본주의에서 승인될 수 없는 폭력"으로 받아들인다.[*Dominio* 69] 여기서 네그리의 논의가 겨냥하고 있는 대상은, 국가의 거울이미지이며 폭력을 독점하는 기구이고 따라서 프롤레타리아가 자유롭게 적대를 표현하는 것을 억압하는, 당 혹은 전위의 구축構築이다. 네그리는 대중의 폭력에 대한 이러한 억압과 통제가 굴락[7]의 시작이라고 말한다.[67] 결과적으로 그는 프롤레타리아의 자기조직화와 함께 독립적으로 발전하는 더 일반적이고 다가적多價的인 폭력사용을 주장한다.[8] 그래서 네그리가 사회적 변형의 개시로 제안한 행

---

6. 우리는 정치적 폭력이 이딸리아에서 급진적 반대세력측에도 국가측에도 매우 광범위하게 퍼져있었음을 다시 한 번 기억해야만 한다. 1975년 5월 이딸리아는 공공질서가 위협받는다고 느낄 때면 언제라도 시위자들에게 발포할 수 있는 권한을 경찰에게 부여하는 "충성법"(Legge reale)을 통과시켰다. 1975년 5월과 1976년 6월 사이에 150명의 투사가 경찰에 의해 총격을 받은 것으로 추산된다[Berardi, "Anatomy of Autonomy" 154].

7. [옮긴이] 굴락(Gulag) : 옛 소련의 교정(矯正) 노동 수용소 관리국(1934~60)을 말한다. 보통명사로는 사상·정치범의 강제노동수용소를 의미한다.

8. 아우또노미아운동의 맥락에서 정치적 폭력의 사용과 조직화는 아직 적절하게 연구되지 않았다. 그러나 분명해져야만 되는 것은 붉은 여단의 활동과는 대조적으로 아우또노미스띠(자율주의자들)의 정치적 폭력은 어떠한 중심적 지도력

동의 과정은 폭력과 분리 양자로 구성된다. "사회적 변형의
방법은 프롤레타리아독재의 방법뿐이다. 고유한 용어로 이
해하자면, 이는 국가의 사멸을 위한 투쟁으로서, 프롤레타리
아의 자기가치화와 그 집단적 과정을 통해 자본주의적 생산
방식을 완전히 대체하는 투쟁으로서 나타난다."[44] 네그리
는 새로운 구축이 가능한 공간을 터놓는 데로 이어지는 사보
타지와 적의 배제를 모두 의미하는 것으로 독재라는 말을 사
용한다. 독재는 분리의 논리의 실천적 적용이다. 따라서 이
제 우리는 새로운 지형에 생기를 불어넣을 구성적 계기에,
구성적 과정에 주의를 돌려야만 한다.

4. 자기가치화와 임금론

맑스의 구성적 계기는 생산과정을 되돌아보고 잉여가치론을
재검토하여 이로부터 대안적인 가치화논리를 발전시켜야 한
다. 네그리는 이러한 적극적 이론에 "임금론"이라는 표제를

에 의해 지도된 것이 아니라 오히려 지역적 규모로 구상되고 수행되었다는 점
이다. 이러한 독립성은 통제의 문제를 제기한다. 특히 1979년 국가의 억압이
시작된 이후에, 네그리 및 아우또노미아의 다른 지식인들과 정치지도자들은
몇몇 경우에 투사들의 폭력을 제지하고자 했고, 별로 성공을 거두지 못했다.
다양한 요소들의 진정한 자율성은 집단적 제지의 시도를 거의 불가능하게 만
들었다. 폭력과 자율성 그리고 지도는 상충하는 요구들을 제시했던 것이다.

붙인다. 우리는 이 이론의 발전과정에서, 임금 혹은 필요노동이 분리의 논리에 따라 자본으로부터 독립적으로 작동한다는 점을 보게 될 것이다.[131]

그렇다면 맑스는 앞의 잉여가치론에서 우리가 주목했던 적극적 전략 즉 필요노동의 비율을 증가시키고 그럼으로써 잉여노동의 비율을 감소시키는 것의 가능성을 상세히 설명하는 데로 되돌아가는 것이다. 이러한 가능성은 생산력의 역사적 발전에 발맞춰 강력해진다. "노동이 더욱 추상화되고 사회화될수록 …… 욕구의 영역이 더욱 커진다. 노동이 그 자신의 욕구를 창조하고 자본으로 하여금 그것들을 충족시키도록 강요한다."[133] 다른 말로 하면 생산력의 발전은 필요한 노동자재생산비용의 증가를 동반한다. 결과적으로 자본은 더 높은 임금을 용인하도록 강제된다. 그러나 맑스는 이러한 증가를 단순히 자본주의적 발전이라는 객관적 관점에서 보았던 것이 아니라 더 중요하게는 노동계급 주체성이라는 관점에서 보았다. 이 시각에서 볼 때 과정은 두 요소, 즉 1) 필요노동(임금)의 가치를 증가시키기 위해 잉여가치를 재전유하는 것과 2) 이 가치에 상응하는 재생산의 내적 관리로 구성된다. 재전유전략인 첫 번째 요소는 필요노동과 잉여노동의 적대를 단순히 확장시키는 것이다. 잉여가치를 재전유하는 것은 잉여가치를 비非노동으로, 노동계급의 자유와 향유로 돌리는 것을 의미한다. 그렇다면 이 전략은 잉여가치론의 적극적 전도를 시도하는 셈이다. "자본의 기획에서는 노동이 잉여노동의 명령을 받는 반면에, 프롤레타리아의 혁명적 기획에서는 재전유된 잉여가치가 필요노동의 명령을 받는다."[147] 이러한 전유는 생산과정의 통제를 위한 전투를 나타낼 뿐만 아니라, 대안적 가치화가 가능한 재생산의 영역, 비노동의 영역의 확대를 위한 전투를 나타내기도 한다. 재전유전략이 네그리로 하여금 전통적 임금투쟁에 대해 새로운 관점을 갖게끔 만든다. "임금투쟁이 오직 전유투쟁으로 바뀔 때에만 — 주의할 점은 본래적인 의미의 전유투쟁이 될 필요는 없고, 임금이 인류의 새로운 가능성에 접근할 직접적 가능성으로 보여지는 것으로 충분하다는 것이다 — 오직 그때에만 바로 그 임금투쟁이 신뢰할 만한 것이 된다."[*Proletari* 48] 생산의 사회화와 결부된 전유투쟁은 임금투쟁의 초점을 "사회적 임금"을 위한 투쟁으로 확장시키는데, "사회적 임금"이란 노동계급이 스스로 사용하고 향유하도록 자본이 노동계급 전체에게 용인하는 비용이다. 네그리는 맑스의 사유에서 일어나는 이론적 발전을 계급투쟁의 역사적 발전과 나란히 이루어지는 것으로 본다. 오늘날 임금은 프롤레타리아 투쟁의 진전에 의해 결정되는 노동계급 전체의 재생산비용과 결부되어 있다. "따라서 임금과 관련된 영역은 오늘날 프롤레타리아

투쟁의 연속성 속에서 공적 지출을 둘러싼 투쟁으로 학대된다."[*Dominio* 34] 사회적 임금투쟁은 공공지출을 위한 투쟁이다. 오직 이러한 사회적으로 확대된 투쟁만이 자본주의적 가치화의 영역을 공격할 수 있고 프롤레타리아 자기가치화의 토대를 구축할 수 있다.

여기서 우리는 잠시 멈추어 1968년 이전에 네그리의 사유를 특징지었던 "혁명적 개혁주의"의 귀환을 주목해야 하겠다. 1968년과 1973년 사이의 "레닌 시기"에 네그리는 그의 초점을 국가에 직접 대립하는 전복적 실천으로 이동시켰다. 그러나 1973년 이후에는 임금투쟁과 같은 개혁주의 전술로의 회귀가 있었는데, 이는 이전에는 오페라이스모의 "계급구성"관과 결부되어 있었다. 1970년대 중반에 이딸리아 노동계급의 임금투쟁들은 (특히 노조 밖의 자율적 운동들의 임금투쟁들은) 광범위하게 사회적인 성격을 띠었다. 사회화된 노동계급은 복지국가로부터 "정치적 임금"을 요구했던 것이다. 그렇다면 이러한 전략들은 어느 정도까지는 수많은 다른 사회개혁운동들과 결합될 수 있었다. 그러나 다시 한 번 네그리 이론화 작업과 정치운동들의 복적은 복지국가 안에서 새로운 제도적 구조를 창출하는 것이 아니라 오히려 자본의 재구성 메커니즘이 파열되는 지점에 도달할 때까지 공공지출의 지속적인 증가를 요구하는 것이었다. 이러한 운동들이 어떤 점에서 개혁주의적 면모를 띠더라도, 그 목표는 "국가를 자원으로 사용하는 것"이 아니라 궁극적으로는 조직화와 통제의 형태로서의 국가를 소멸시키는 것이었다. 내가 앞의 1장에서 주장하였듯이 1960년대의 오페라이스모의 정책들을 염두에 둘 때 이러한 전략은 "배신의 개혁주의"로, 더 정확하게는 한 걸음 더 나아간 개혁주의로 불릴 수 있다. 이러한 급진적 조합주의에 가까이 있는 적은 공식적 노동운동, 혹은 더 구체적으로는 통합주의적[9] 조합들과 PCI였다. 네그리와 자율주의자들은 대중들의 실천에 더 가까운 "다른" 노동자운동을 제안하고 있었던 것이다.[10]

그러나 1970년대 네그리의 임금투쟁론은 새로운 초점을 가져온다. 국가통제의 변증법을 깨뜨리는 것에 더하여 이제 공공지출의 증가를 위한 투쟁이 새로운 사회적 공간의, 노동계급이 통제하는 해방구의 창조로 나아가는 것으로 파악된

---

9. [옮긴이] 통합주의(corporatism or corporativism) : 노동자들의 조직이 국가와 자본을 넘어서려는 지향이 없이 자본과 국가의 합법적인 제도권 내에 완전히 포섭되어 있는 체제를 말한다. 파시즘 시대의 이딸리아에서 자본가들과 노동자들에게 동시에 의회(Camera dei Fasci e delle Corporazioni)에서의 대의권이 부여되었던 데서 이 말이 연유한 듯하다.

10. 공식적인 노동운동과 평행하게 언제나 존재했던 자율주의 노동운동의 테제는 로트(Karl Heinz Roth)의 『또 다른 노동자 운동 : 1880년부터 오늘날까지 독일에서 자본주의적 억압의 전환』(*L'altro movimento operaio : svolta della repressione capitalistica in Germania dal 1880 a oggi*)에 나온 독일 노동사의 맥락에서 발전했다. 이 책은 이딸리아 자율주의 이론가들에게 대단한 영향을 미쳤다.

것이다. 그런데 임금투쟁은 단지 그 지형을 구축할 수 있을
뿐이다. 자기가치화의 관리가 이 지형을 새로운 내용으로 채
우는 두 번째 계기를 나타낸다. "필요노동만이 자본주의적
가치화에의 저항 — 자신의 보존과 재생산이기도 한 저항 — 을
할 수 있는 이 능력을 가지고 있다. 저항은 단순히 부동점不
動點으로 구성되는 게 아니며, 오히려 저항은 그 자체로 순환
이고 운동이며 성장이다."[*Marx* 135] 재생산과정의 관리가
자기가치화의 구성적 면모의 초석이다. 이러한 비노동영역
에서 노동계급은 자기재생산의 메커니즘들을 확장하고 사회
화하는, 맑스가 "소규모 순환"이라고 부른 것을 발전시킨다.
"소규모 순환은 거기서 필요노동과 관련된 욕구의 영역이
발전하는 공간이다. 그래서 그것은 역동적으로 형성되고 구
성되며, 노동력의 구성에서, 노동계급의 구성에서 스스로를
공고히 한다. 그것은 스스로를 재생산하고 성장하여 결국에
는 스스로를 투쟁의 잠재력으로서 정의한다."[136] 네그리에
따르면, 소규모 순환에 대한 분석, 자본의 격자들의 틈에서
교류하고 관리하는 프롤레타리아적 메커니즘에 대한 분석이
『요강』의 주요한 이론적 기여들 중 하나이다.[cf. *Grundrisse*
673~78] 소규모로 출현하는 이러한 노동계급의 집단적 자
기관리는 "생산할 뿐만 아니라 생산된 부를 향유할 수 있는"
사회적 개인의 구축이다.[145]

이러한 소규모 순환은 물질적인 교류일 뿐만 아니라, 또한 가치의 창조와 사회화를 함축한다. 노동계급이 자기관리하는 재생산영역에서는 자기가치화의 메커니즘들이 비노동의 척도로서, 자본주의적 가치화의 손길이 도달하는 곳의 바깥에 혹은 그 사이에 놓여 있는 생산적 활동의 척도로서 출현한다.[*Dominio* 46~47] 자기가치화의 구조와 내용은 오직 노동계급의 현실적 실천들에 준거함으로써만 정의될 수 있다. 자기가치화과정들은 프롤레타리아의 시초 축적과 같은 것으로서 구축되는데, 이는 고정된 부 혹은 자본의 축적이 아니라 욕구, 기쁨, 실천의 축적이다. "그것은 자본주의적 축적보다 결코 덜 중요하지 않은 노동의 '축적'이며, 욕구를 변형시키고 구성을 풍부하게 하는 투쟁요소들의 집적이다."["Dall'Estremiso al Che fare?" 336] 자기가치화의 구조들은 노동계급의 분리된 사회적 재생산을 정의하는 프롤레타리아의 실천의 축적을 통해 구축된다.

이제 발전된 임금론과 자기가치화론으로 우리는 네그리가 "맑스 너머"라 부르는 영역에 접하고 있다. 그 영역은 맑스 자신이 성취한 분석의 한계들을 넘어 연장되는 맑스 자신의 지형이다. 네그리는 맑스가 『자본론』 집필을 위한 기획에서 변경한 부분들에 대한 역사적·문헌학적 논의를 통하여 자신의 주장을 제시한다. 우리는 『요강』에서, 별도의 "임금에 관한 장"을 포함하는 포괄적인 『자본론』 편제를 위한 원래의 계획을 발견한다. 그러나 맑스가 실제로 『자본론』을 집필할 때 이 별도의 장은 사라졌다.[cf. *Marx* 6~7] 네그리는 자신이 직접 읽은 바로 임금론의 (노동계급의 재생산과 자기가치화의 이론의) 분리된 발전이 매우 중요하다는 것을 발견했다. 네그리는 묻는다. 그렇다면 왜 맑스는 그의 계획을 변경했고, 임금에 관한 장을 빼자고 결심하였는가? 네그리는 우리에게 두 가지 가설을 제공한다. 첫째, 임금론이 자본에 대한 이론 전체에 근본적인 것이었기에, 맑스는 그 주장을 책 전체의 논의에 분산해 놓았을 수 있다. 그렇다면 임금 혹은 노동계급의 힘과 관점이 논의의 배경을 제공하며, 우리는 네그리가 그러했던 것처럼 그것을 『자본론』과 『요강』의 도처에 분산되어 있는 조각들과 단편들에서 독해할 수 있다.[*Marx* 130] 그러나 이 첫 번째 가설은 그것이 임금이라는 주제의 중심성을 설명할 수 없기에 명백히 약하다. 네그리가 제안하는 두 번째의 더 강력한 가설은, 임금론이 그 토대로서 프롤레타리아의 투쟁과 실천을 필요로 하기 때문에 맑스는 그의 시내에서와 같은 기초적 수준의 계급투쟁을 바탕으로 해서는 임금론을 적절하게 다룰 수 없음을 인식했으리라는 것이다.[131~33] 이론은 오직 프롤레타리아의 실천들, 욕구들, 욕망들의 "축적" 이후에만, 바꾸어 말하자면 노동계급이 자신의 자기가치화 메커니즘을 발전시킨 이후에 만, 적실하게 명료한 형태를 갖출 수 있다. 실제로 네그리는 맑스의 이론이 그의 시대보다 너무 앞서 있으며, 그의 생각 과 당대의 계급투쟁의 수준 사이의 간격이 그로 하여금 발전 된 임금론을 명료하게 제시하지 못하도록 했다고 한다. "네 그리는 맑스가 유토피아주의에 빠지는 것을 걱정하는 것은 아닐까 하고, 이론과 조직화의 (가능한 조직화의) 비상응성 을 걱정하는 것은 아닐까 하고 생각할 수도 있다."[182] 그렇 다면 네그리는 『요강』이 "역사적 과정에 대한 예견"이라고 주장하는 셈이다.[133] 계급투쟁의 현대적 발전으로 인해 오 늘에서야 우리는 "맑스 너머"로 가서 그의 사유에서 막 발생 한 이론을 실질적으로 완료할 수 있는 것이다.

논평 : 자기가치화의 실천

네그리의 독창적 해석은 소규모 순환에 대한 분석으로부터 발전된 자기가치화에 대한 논증이 『요강』에 존재한다는 점 을 분명히 하였다. 그러나 맑스의 논증은 상당히 미발전되어 있는 맹아적 형태이기 때문에, 네그리가 이 개념에 부여하는 중요성을 단순히 텍스트를 기반으로 하여 받아들이기는 어 렵다. 네그리의 열의를 제대로 평가하기 위해 우리는 그의 글들의 맥락을 더 상세하게 살펴봐야 한다. 네그리가 맑스에 대한 독해에서 지적했듯이 자기가치화 개념은 단순히 이론적으로만 발전될 수 없으며 노동계급의 실천을 통해서만 발전될 수 있다. 우리가 그의 경력을 따라가며 여러 번 주목했듯이, 네그리는 자기가치화 개념으로 다시 한 번 대중운동을 따라가서 그들의 실천에 적절한 방식으로 이론화 작업을 하고자 한다. 그렇다면, 우리는 네그리의 이론을 이해하기 위해서 노동계급의 활동들을 살펴봐야만 하는 것이다.

이딸리아는 대안경제와 대항문화를 창조하려는 다른 1세계 국가들에서 발견되는 많은 운동들― 스쾃(무단점거)운동, 집단적 생활실험, 새로운 문화 프로젝트들, 라디오 독립방송국들 등 ― 을 공유하고 있었다. 이 시기 이딸리아에 널리 퍼져있던 몇몇 실천들은 이와 관련하여 분석되어야 하는데, 가장 혁신적인 실천은 집단적, 자율적으로 가격을 통제하려는 운동인, "자율인하"autoreduzione 운동이었다. 대항문화가 주도한 많은 것들이 다양하게 출현한 공동체들을 정의하는 새로운 가치들에 기여했지만, 자율인하운동은 가치생산의 문제를 직접적으로 경제적인 의미에서 다루었다. 가격의 사율인하는 정치적 임금을 위한 노동자들 투쟁의 사회적 상관물로 간주되었다. 노동자들이 그들의 임금을 결정하듯이 소비자들이 재화의 가격을, 정치적 가격을 결정하는 것이다. "자율인하는 소비영역에서는 소비자가, 생산영역에서는 노동자가 집단적으로 결정된 수준에서 공공서비스, 주택, 전기의 가격을 인하하는 일을 스스로 맡는 행동이며, 공장에서 생산성의 정도를 낮추는 행동도 포함된다."["Autoreduction Movement in Turin" 72] 두 전선에서의 이러한 공격은 대중이 경제계획을 점진적으로 통제하는 수단, 가치를 대중이 결정하는 수단으로 간주되었다.

자율인하운동은 1973년 석유위기로 악화된 이딸리아 경제위기의 맥락에서 파악되어야한다. 경제위기에 대한 이딸리아 국가의 반응은 베를린구에르[11]와 PCI의 암묵적 지지에 토대를 둔 긴축프로그램(까를리 플랜^{the Carli Plan}, 1974)이었다. 이 맥락에서 우리는 '역사적 타협'과 정부정책들에 반대하지 않겠다는 당의 동의가 어떻게 PCI와 급진적 사회운동 사이에 쐐기를 박았는지 볼 수 있다. 생산성 증가를 위한 프로그램에 저항하려고 조직된 자율적 노동자운동처럼, 사회운동은 긴축의 거부로서 자율인하 전략을 발전시켰다. 뚜린에서, 자율인하운동은 임대료, 운송료, 전기료 인상에 반대했다. 그 전략은 지불액을 모두 거부하는 게 아니라 그들이 원하는 지불액을 집단적으로 결정하고 그것을 대규모로 적

---

11. Enrico Berlinguer (1923~1984) : 1972년부터 사망 시까지 이딸리아 공산당 (PCI)의 서기를 지냈다.

용하는 것이었다. 예를 들어 일정 기간 동안 뚜린에서 이 운동은 임대료를 개인봉급의 10%로 제한하는 것을 목표로 제시했다.["Autoreduction" 73] 버스요금과 전기료 인상에 대한 반대는 대중적 지지를 얻었으며 실질적인 이득을 성취했다. 가격이 뚜린의 지역조합들의 개입을 통해 재협상되었던 것이다. 또한 자율인하와 유사한, 더 느슨하게 연결된 몇몇 실천들이 있었다. 예를 들어 팔레르모Palermo의 학생들은 차표검사를 사보타지함으로써 버스요금의 인상에 항의했고 또 밀라노에서 자율주의자들은 식료품점 점원들을 포로로 잡고 고객들에게 확성기로 식품이 그 날 공짜라고 알림으로써 상승하는 식품가격에 항의했다. 이 모든 실천들은 1970년대 중반의 급진적 운동들이 초점을 공장 밖으로 옮겨 더 광범위한 사회적 문제들에 관여해온 모습을 예증한다.

합법적, 준합법적 그리고 불법적인 수단을 통한 다양한 자율인하 활동들은 긴축프로그램을 사보타지하는 데 복무했다. 하지만 더 중요한 것은 모든 자율인하 실천들이 대중이 가치를 결정할 수 있는 자율적 영역을 창조하는데 기여했다는 점이다. 또한 긴축계획에 대한, 자본의 가치화에 대한 사보타지는 대중들의 자율적 가치화의 천명이었다. 우리는 우리 연구의 맥락에서, 이러한 실천들이 네그리의 이론화 작업을 자극하여 그로 하여금 맑스적 자기가치화 개념을 새로운 사회적 지평의 정치적 의의를 설명할 수 있는 지점까지 확장시키도록 했음을 알 수 있다. 이런 사례는 네그리에게 있어서 이론과 실천의 관계를 매우 분명하게 예증하는 것이다. 사실 네그리의 자기가치화론의 독창성은 그의 이론적 기교에 있는 것이 아니라 대중들의 실천의 혁신을 이론적 형태로 포착하는 그의 능력에 있는 것이다.

5. 주체의 구성

네그리는 프롤레타리아의 자기가치화 개념과 임금론으로 마침내 맑스 사유의 적극적, 주체적 토대에 도달했다고 믿는다. 그러나 이제 이 토대는 그 혁명적 힘을 드러내기 위해 광범위하게 구체화되어야 한다. 만약 이윤론이 자본주의적 주체성에 대한 발전된 이론이라면 임금론은 그것에 대응되는 노동자 주체성에 대한 발전된 이론을 제공할 수 있어야만 한다. 이 논리에 따라 네그리는 "적대적 주체성의 씨줄로 기능하는 붉은 실을 추적하기 위해" 이러한 맑스주의적 이행을 이룰 수 있는 이론적 요소들을 재구성하려고 시도한다.[154]

그러나 맑스주의적 주체성론에 착수하기 전에 네그리는 맑스에게 존재하는 휴머니즘과 주체성을 둘러싼 이론적 난점들과 씨름해야만 한다. 이 논쟁점은 우리를 다시 한 번 알뛰세르의 구조주의적 기획에 대한 네그리의 도전에로 데려간다. 맑스주의적 주체를 자연주의적이고 미리 구성된 토대에서 발원하는 것으로 보는 휴머니스트들의 주장을 알뛰세르가 공격한 것은 분명 옳다고 네그리는 생각한다. 이러한 점에서 구조주의는 맑스주의 이론에서 주체와 관련된 개방성과 자유의 계기를 제공한다. 그럼에도 불구하고 네그리가 보기에 휴머니즘 문제에 대한 구조주의적 해결책도 마찬가지로 잘못을 범하고 있다. "혹자들은 휴머니즘을 피하면서 주체성의 이론적 영역들을 피하고자 한다. 이들은 잘못되었다. 유물론의 경로는 바로 주체성을 관통하는 것이다. 주체성의 경로가 코뮤니즘에 물질성을 부여하는 것이다. 노동계급은 주체성이다. 발전, 위기, 이행 그리고 코뮤니즘에 생기를 불어넣는 분리된 주체성이다."[154] 휴머니스트들과 구조주의자의 논쟁은 요점을 완전히 놓치고 있다. 주체가 맑스의 사유에서 중심이지만, 그것은 휴머니즘의 (합리적이고 소외되지 않았으며 자연적인 등등의) 관념적으로 이상적인 주체가 이니다. 오히려 그것은 대중의 실천을 통해 구체화되고 발전하며 구성되는 주체이다. 그래서 네그리는 "보편적 개인"과 같은 용어가 가진 핵심적 중요성을, 그러나 그 심오하게 반反휴머니즘인 의미를 강조하는 것이다. "이 용어는 어떤 자연주의적 혹은 역사주의적 고려에, 혹은 역사를 연속적 과정으로 파악하는 사고방식에 의존하기보다 화폐관계들의 잔인성을 혹은 그 사회화하는 힘을 전복하는 것에 더 크게 의존한다. 분리는 근본적이며 전도顚倒를 성취하는 열쇠로 기능할 뿐만 아니라 구성의 모체로도 기능한다."[156] 그래서 맑스에게서 주체라는 주제는 존재론적 구성이라는 주제와 융합한다. 프롤레타리아 주체는 지형의 근본적 전도에 뒤이은 구성의 과정으로서 생긴다. 바꾸어 말하자면, 휴머니즘적 맑스주의는 해방과 코뮤니즘을 방면放免의 기획으로서, 자본주의적 사회관계의 소외로부터 자유로운 인간 주체의 자연적 본질의 구속되지 않은 표현으로서 제시한다. 네그리는 이와 동일한 존재론적 밀도를 가지면서도 그것을 실재적 자유 및 실천에의 개방성과 결합시키는 맑스주의적 주체를 제안한다. 주체는 형이상학적 차원에서 발견되는 것이 아니라 실천에서 창안된다. 주체의 본질은 놓여나는 것이 아니라 해방의 과정으로 구성되는 것이다.

코뮤니즘의 구체화는 프롤레타리아 주체의 구체화와 동일하다. "코뮤니즘은 주체성의 형상을 띤다."[163] 그래서 『요강』은 맑스의 "주체적 접근법"을 나타내는 문헌이며 또한 맑스의 적극적 코뮤니즘관을 제시하는 주된 텍스트이기도 하다. 네그리에 따르면 이러한 코뮤니즘관은 노동에 대한 이중적 접근법 — 코뮤니즘은 노동의 철폐이자 노동의 해방이며, 그 창조력의 고양이다 — 을 중심으로 한다.[12] 네그리가 발전시킨 용어법에서 이러한 두 계기들은 "노동거부"와 "프롤레타리아의 자기가치화"에 상응한다. 혹은 더 전통적 용어로는 이를 자본주의적 생산관계의 파괴와 프롤레타리아 생산력의 자율적 결합으로 기술할 수 있다. 코뮤니즘을 정의하는 것은 무엇보다도 코뮤니즘적 노동을 정의하는 것이다. "해방된 노동은 노동으로부터의 해방이다. 코뮤니즘적 노동의 창조성은 노동의 자본주의적 조직화와는 아무런 관련이 없다. 산 노동은— 스스로를 해방시킴으로써, 교환가치에 맞서서 자신의 사용가치를 다시 장악함으로써 — 노동이 단지 특정 조건에서만 그것의 일부가 될 수 있는 욕구의 우주를 연다. 그리고 이 경우에 중요한 것은 자본주의적 구축으로서의 노동이 아니라 본질적이고 집단적이며 탈신비화된 코뮤니즘적 노동으로서의 노동이다. 전도는 총체적이며 어떠한 종류의 상동성 homology도 허용하지 않는다. 그것은 새로운 주체이다. 풍요롭고 기쁨에 찬."[165] 맑스는 코뮤니즘적 노동으로부터 프롤

---

12. 영어의 "work"과 "labor"라는 용어는 모두 "laboro"라는 이딸리아의 단 하나의 용어에 상응한다. 다른 맥락에서라면 나는 "work"를 생산관계를 지시하는 것으로, 그리고 "labor"를 생산력을 가리키는 것으로 보고 양자를 구분할 수도 있다. 그러나 이딸리아어가 그러한 가능성을 제공하지 않기에, 나는 그러한 사용을 피해왔으며 여기서는 그 용어들을 서로 바꾸어 써도 되는 것으로 사용했다.

레타리아의 자기가치화의 구조를 경유하여 새로운 사회적 주체로 이행하는 과정을 구상하고 있는 것이다.

네그리는 코뮤니즘 개념에 대한 맑스의 정의가 충분하며 방법론적으로 엄밀하다고 주장한다. 맑스는 코뮤니즘을 고정된 도착점으로 제시하는 것이 아니라 구성의 과정으로 제시한다. "코뮤니즘을 이행 이외의 다른 것으로 제시하는 것은 불가능하다. 그렇지 않다면 코뮤니즘은 말로 나타낼 수 없는 개념이다."[161] 그러나 맑스의 사유에서 "코뮤니즘", "이행" 그리고 "해방"의 개념적 통일성이 개혁주의적 논증을 낳는 것은 아니다. 반대로 여기서 이행은 오직 근본적 파괴의 계기, 적의 절대적 배제 다음에 시작할 수 있는 혁명적인 것이다. 네그리에게 "이행"이라는 용어는 코뮤니즘이 긍정적 구성의 과정인 한에서만 해방의 기획이 됨을 강조한다. 코뮤니즘의 주체는 형이상학적 차원에서 해방되기를 기다리는 태아의 형태로 실존하는 것이 아니라 오히려 대중들의 실천으로 구축되어야 하는 것이다. "코뮤니즘은 구성적 실천이다."[163] 혁명적 과정이 그 목적을 창조하기 때문에, 유토피아적 청사진은 불가능하다.

지금까지 우리는 맑스의 작업의 기획적 논리에 대한 네그리 해석을 따라왔다. 그는 전도로부터 적극적 구성으로의 이행을, 잉여가치의 파괴로부터 프롤레타리아의 자기가치화로의 이행을, 그리하여 마침내는 코뮤니즘의 혁명적 주체의 구성으로의 이행을 진행시키는 논리 즉 "맑스의 담론에서 작동하는 적대의 논리, 복수複數적 논리"를 추적해왔다.[171] 그러나 네그리는, 이 논리가 강력한 원동력으로서 『요강』을 관통하더라도, 맑스의 작업에서는 결코 온전하게 실현되지 않는다는 점을 인정해야만 한다. 맑스에게서 코뮤니즘의 기획은 결코 실체적 형태를 취하지 않는다. 맑스는 경로의 윤곽을 그리지만 그 자신이 그 경로를 지나가지는 않는다. 바꾸어 말하자면, 맑스는 근본적인 것이 된 물음 즉 '전복적인 파괴의 계기에서 코뮤니즘의 사회적 주체로의 이행을 형성하는, 구체적인 구성의 메커니즘은 무엇인가?'에 답하는 데 있어서 우리를 도와주지는 못하는 것처럼 보인다. 네그리에게 이러한 한계는 문제가 아니라 기회를 나타낸다. "맑스 자신이 단지 부분적 결과만을 성취할 수 있었다는 사실이 우리를 가로막아서는 안된다. 오히려 반대로 그것은 그의 가설을 따르도록 우리를 자극해야 한다."[175] 이 중대한 시점에서 다시 한 번 네그리는 그가 맑스보다 뛰어난 분석적 재능을 타고났기 때문이 아니라 맑스 시대 이래로 계급투쟁이 역사를 진전시켰기 때문에 "맑스를 넘어" 갈 수 있다고 주장한다. 맑스의 연구는 당시의 사회적 현실을 너무도 앞서 나갔기 때문에 봉쇄되었다는 것이 네그리의 주장이다. 오늘에서야 우리는 "너머"를 이론화할 수 있고, 맑스의 직관을 실현할 수 있는 필요조건들을 갖는 것이다.[13] 물론 이러한 이행은 이론만으로는 성취될 수 없다. "여기서 우리가 앞으로 전진하는 데에서는 성숙한 혁명적 실천만이 우리로 하여금 문제를 완전히 전위轉位시키고 주체를 온전하게 발전시키는 것을 허용하는 것이다."[175, 수정됨] 그렇다면 이론적 차원은 대중들의 실천에서의 이러한 이행을 추적해야만 한다. 이론은 실천의 발전들을 기록하고 집중시키기 위해서 "집단적 실천의 구성적 현상학"이 되어야만 한다.[185] 이러한 이행에서 이론의 역할은 노동계급의 구성적 실천에서 형성되는 주체를 인식하는 것이다. 따라서 맑스 사유의 역사적 시간과 이론적 시간 사이의 이러한 부등성으로 말미암아 우리에게는 맑스가 계획했던 "임금에 관한 장"이 빠져있을 뿐만 아니라 (맑스가 계획하지도 않았던) 임금론으로부터 주체론으로

---

13. 이러한 논증방법은 네그리 작업에 전형적인 것이며 역사적 유물론의 방법론과 부합한다. 우리는 이론적 상상력이 실천과 사회의 발전들에 의해 제한된다는 주장에 놀라지 않아야 한다. 바꾸어 말하자면, 역사의 발전이 이론의 새로운 가능성을 여는 것이다. 맑스는 코뮤니즘에 대한 그의 제안을 정교하게 구체화하기 위해서 계급투쟁의 성숙을 기다려야만 했다. 네그리는 스피노자의 『정치론』의 쓰이지 않은 민주주의에 대한 장과 관련하여 같은 논증방법을 적용한다. 이 장의 출현을 막은 것은 단지 스피노자의 죽음만이 아니다. 1670년대 오렌지공 지지자들의 반동(the Orangist reaction) 이후의 17세기 네덜란드에서, 스피노자의 민주주의를 상상하는 것은 불가능했다. 사실 세 세기에 걸친 사회의 발전으로 오늘에서야 스피노자의 텍스트를 완성할 수 있는 것이다.

의 이행에 관한 장 즉 "코뮤니즘의 사회적 개인에 관한 장"
또한 빠져있다고 네그리는 설명한다.[182]

6. 사회적 노동자 : 주체의 새로운 문제틀

네그리가 『맑스를 넘어선 맑스』(1978)를 썼을 때, 대륙의 사
유에서 "주체론"이라는 테마는 위기에 처해 있었다. 맑스가
네그리에게 이 위기를 다룰 수단을 제공한다. 『요강』에서
네그리는 노동자 주체, 코뮤니즘 주체가 출현해야 할 필요에
주목하지만 또한 19세기 계급투쟁의 미성숙으로 인하여 맑
스의 사유에서 그 실제적 발전이 불가능했음을 인식하였다.
맑스적 주체론은 오직 노동계급의 실천적 발전에 기초해서
만 확립될 수 있다. 그래서 당시의 주체론의 위기는 단순히
"이론"의 위기가 아니며 더 근본적으로는 "실천"의 위기이
다. 바꾸어 말하자면, 주체론의 위기는 투쟁의 새로운 국면
이 미성숙한 상태를 반영하는 것이다. 이 위기는 사회운동이
노동하는 새로운 주체의 형상을 실천적으로 드러낼 수 있는
데에까지 발전하기 전에는, 이론적 영역에서 해소되지 않을
것이다. 그러나 이론의 역할이 문제를 "해소"하는 것은 아닐
지라도, 이론은 문제를 적절하게 제기함으로써 중요한 기능
을 수행할 수는 있다. 따라서 주체의 문제를 적절하게 제기

하기 위해 네그리는 이전에 자신이 레닌적 계급현상학의 형태로 발전시킨 지침을 다시 따르고자 한다. 노동계급이라는 주체는 두 개의 평행하는 분석경로 — 노동자들의 구체적 구성에 대한 해석을 통하는 것과 그 실제적 주체성의 인식을 통하는 것 — 를 통해 식별될 수 있다. 이러한 두 가지 레닌적 분석경로는 네그리로 하여금 현대적 맥락에서 주체에 대한 물음을 세울 수 있도록 해준다.

그렇다면 레닌의 방법이 함축하는 특정의 경로(2장 3절 참조)에 따라 노동계급 주체성에 접근하는 첫째 방법은 어떤 역사적 시기에 특수한 노동형태와 생산조직화 — 이것이 노동자 주체성의 조건들이다 — 의 분석을 통해 정의될 수 있다. 그렇다면 우리가 씨름해야 할 첫째 요소는 노동의 성격이 변했다는 점이다. 68혁명의 공격에 대한 응답으로 이루어진 자본주의적 재구조화의 주된 측면은 대규모 공장의 폐기(혹은 컴퓨터화, 혹은 수출화)이다. 자본은 생산과정의 근본적 탈중심화와 점증적으로 추상화되고 사회화되는 노동형태를 통해 노동력을 재구성했다. 1920년대와 1930년대에 노동력의 탈숙련화로 전문노동자의 힘이 침식되었던 것처럼, 1970년대 초의 이딸리아에서는 대중노동자의 헤게모니가 주로 생산의 사회화에 의해서 파괴되었다. 생산관계의 변형이 새로운 노동자 주체성의 조건을 드러낸다. 이러한 단순한 논리가 네그리로 하여금 자본주의적 재구조화에서 결정되는 노동자 주체성에 이름을 붙일 수 있게 한다. "사회적 노동자"는 절대적으로 확산된 사회적 공장에서 그 노동력과 그에 대한 착취가 단순히 경제적 범주일 뿐만 아니라 직접적으로 사회적 범주인 노동자이다. 그래서 우리는 앞에서 제시한 표를 확장할 수 있다.

자본주의적 생산의 지배적 구조	범례적인 계급 주체성	적절한 조직화
전문화된 산업생산	전문노동자	전문적 전위당
대량산업생산	대중노동자	대중적 전위당
사회적 생산	사회적 노동자	?

이러한 새로운 주체성의 "사회적" 속성은 반작용적 함의와 능동적 함의를 모두 갖는다. 노동자는 그 노동이 공장에서만이 아니라 사회 전역에서 사회적 자본에 의하여 착취된다는 점에서 완전하게 사회화된다. 그러나 이러한 변형으로 노동자는 새로운 생산능력을 얻고 고도로 추상적이고 비물질적인 사회적 상품들을 생산한다. 네그리에 따르면 사회적 노동자의 전형적 생산물은 "사회적 협동"이다. 사회적 노동자는 사회의 짜임새 자체를 직접적으로 생산하는 것이다. 내가 여기서 행한 대단히 간략한 설명에서 "사회적 노동자"가

문제성있는 명제라는 점은 매우 분명하다. 실제로 그것은 아직 일관된 주체론으로 기능하지 못하며, 주체의 문제가 제기될 지형의 경계를 정할 뿐이다. 레닌의 계급현상학의 경로는 우리가 주체 자체를 확인할 수 있기 전에 그 주체에게 붙일 이름을 우리에게 주는 것이다.

네그리는 또한 이에 평행하는 탐구의 경로, 즉 레닌적 분석의 자연발생적 경로(2장 2절 참조)에 따라 노동자 주체성의 새로운 형상을 인식할 수 있(거나 인식하도록 강제되)었다. 새롭게 출현한 사회적 집단들 — 특히 페미니스트들과 학생들 — 의 전투성은 대중노동자 모델로는 포획될 수 없는 강력하고 자연발생적인 표현들을 보여주었다. 그들의 노동은 실재적이고 구체적으로 대중노동자의 그것과 달랐다. 이 운동들의 주체적 표현들, 봉기들과 저항들은 이전에는 정치적 수준에서 인식되지 않았던 추상적이고 사회적인 노동의 힘을 보여주었다. 예를 들어 이 시기에 페미니스트들이 가사노동에 초점을 맞춘 것은 노동과 생산 그리고 착취를 논의하는 전통적 수단을 문제가 있는 것으로 만들었다. 여성들은 그들의 노동이 비생산적이고 불필요한 것으로서 종속적 위치에 놓이는 것을 거부했다. 운동은 인정받기를 요구하는 무수한 주체의 얼굴들을 내보였다. 이러한 맥락에서 네그리의 과제는 자율적인 집단들 사이의 실제적인 내적 차이를 가리지 않으면서 운동 주체의 통일을 제시하는 것이었다. 그는 만약 현대적 생산방식에서 "노동" 개념이 일반화 가능한 범주로서 제시되려면 그것은 대단히 추상적인 차원에서 이루어져야만 한다는 점을 인식하였다. 네그리는 "사회적 노동"이라는 개념이 모든 새로운 운동(페미니스트들, 학생들, 공장노동자들, 서비스산업노동자들, 비공식부문노동자들 등)이 입증하는, 노동에서의 통일적 특질을 포착하게 한다고 믿는다. 사회적 노동자라는 개념은, 표현의 근본적 복수성을 받아들이면서도 그 일관성을 유지하는, 공장 밖으로 나와 사회로 진입한 강한 노동자관을 따르려는 네그리의 시도이다.

마지막으로 우리는 네그리가 사회적 노동자를 현대의 주체론을 위한 적절한 문제틀로서 제시하는 것이 주체성에 대한 최근의 많은 논의들을 괴롭히는 두 가지 난점을 피하게 한다는 점에 주목해야만 한다. 한편에는 일반적 주체관의 통일성을 보존하려고 시도하는 가운데 새로운 그리고 새롭게 출현한 집단들의 근본적이고 무화될 수 없는 차이들을 받아들이는 데는 실패한 사람들이 있다. 혁명적 주체성의 상징이지 전형인 공장노동자의 보편적인 상에 대한 향수를 품고 사는 맑스주의자들도 여기에 속한다. 다른 한편에는 주체의 차이라는 명제와 주체론의 위기가 일관된 주체론이 더 이상 가능하지 않음을 의미한다고 보는, 주체가 사실상 사라졌음을 의미한다고 보는 사람들이 있다. 이러한 이론가들은 "노동자" 개념이 더 이상 주체의 범주로 기능하지 않는다고 주장할 것이다. 네그리가 사회적 노동자를 제안하는 것은 주체의 통일성과 다양성이라는 역설을 추상적인 사회적 차원에서 결합하려는 시도이다. 우리가 연구하는 이 시기(1973~78)에 네그리가 주체론의 문제틀에 대한 만족스러운 주장에 도달하지 않았고 또 도달할 수도 없었긴 하지만, 사회적 노동자라는 지형의 경계를 설정하려는 네그리의 노력은 확실히 더 나아간 가능성들을 시사하는 것이었다. 이러한 국면에서 이론가에게 더 이상을 요구하는 것은 그로 하여금 점쟁이가 되라고 요구하는 게 될 것이다. 주체의 미래는 어디까지나 사회 운동의 실천적 투쟁과 발전을 통해 전개되는 것이다.

논평 : 푸꼬를 뒤집기 - 네그리의 구성적 존재론

우리의 독해에서 네그리의 정치적, 철학적 이력의 궤도가 그를 존재론에 대한 연구로 이끌었다는 점이 몇 가지 면에서 분명해 졌지만, 그가 사용하는 "존재"라는 용어는 대단히 특이하다는 것을 우리는 인식해야 한다. 네그리는 존재론이라는 말로 무엇을 의미하는가? 존재론이 어떻게 그의 사유를 추동시킨 정치적 압력을 다루는가? 이 물음들에 대한 대답은 우리가 살펴본 작업들에서는 직접적으로 명백하지는 않다. 사실 네그리는 이후 10년(1980년대)의 많은 부분을 그의 존재론의 틀을 정의하고 그것에 살을 붙이는 데 힘썼다. 그러나 이 시기 동안의 네그리의 연구결과를 요약하는 것 대신에, 네그리의 존재론적 문제틀을 현대 이론의 맥락 안에 자리매김하는 것이 더 생산적일 것 같다.

대륙의 형이상학의 주류는 상당히 오랫동안 존재를 부정적으로 정초하려는 문제틀에 의해 지배되어 왔다. 부정적 사유의 몇몇 다양한 갈래들이 (누구보다도 니체, 비트겐슈타인, 훗설에게서 영감을 받은) 상당한 추종자들을 가지고 있지만, 특히 영향력 있는 역할을 한 하이데거의 존재론에 짧게나마 초점을 맞추도록 하자. 하이데거 작업에서 상당한 주목을 받은 한 측면은 헤겔의 존재론의 토대-표현 관계를 발전시켰다는 점이다. 하이데거는 존재의 토대의 정의에 관한 헤겔의 논의를 이어받으면서 문제시하고 있는 것이다.[14] 부정적 사유의 틀에서는 존재의 토대 그 자체는 언제나 말로 나타낼 수 없기 때문에, 존재의 토대와 표현 사이에는 필연적으로 피열이 있게 된다. 이것이 부정적 형이상학의 역설이다. 토

---

14. 하이데거의 존재론적 문제틀에 대한 나의 이 단순화된 제시는 조르조 아감벤 (Giorgio Agamben)의 『언어능력과 죽음 : 부정의 근거에 대한 세미나』(*Il linguaggio e la morte : an seminario sul luogo del negativo*)에 준거한다.

대는 그것이 말해질 때에만 존재할 수 있지만, 말해짐 그 자체는 토대를 갖고 있지 않다. 그것은 순수한 목소리이다. 바꾸어 말하자면, 존재를 표현하는 목소리는 절대적으로 부정적인 존재론적 지위를 갖는 것이다. 존재는 침묵의 시학에 불안하게 의거하는 것처럼 보인다. 언어와 논리가 긍정적 표면으로 기능하지만, 그 배후에는 신비하고 때로는 비교적^{秘教}^的인 부정성의 영역이 존재론적 발판으로서 남아있다. 하이데거의 틀에서는 존재의 토대가 문제시되기를 그치지 않으며, 오히려 토대의 부재에서 강렬함을 얻는 것 같다. 부정적 사유의 현대 지지자들은 성공의 정도는 경우마다 다르지만 이 문제를 다양한 방향으로 추구한다(해체론의 데리다, "위기"론과 허무주의의 맛씨모 캇차리, '약한 사유'의 잔니 밧띠모^{Gianni Vattimo15}). 그러나 존재에 관하여 계속해서 이론화하려는 사람들에게는 공통적 관심사가 남는다. 즉 토대 없는 말해짐의 문제, 목소리의 문제, 부정의 심연 위를 맴도는 존재론적 표현의 문제가 그것이다.

들뢰즈와 함께 네그리는, 존재론에 대한 하이데거적 접근법에 참여하지 않았다는 점에서, 부정적 형이상학의 전통

---

15. [옮긴이] '약한 사유'(pensiero debole, weak thought) : 하이데거의 철학에 의거하는 밧띠모(1936~)가 강조하는 것으로서, 합리적인 단일한 주체에 기반을 두는 객관적 진리를 강조하는 근대적 사유의 토대론적 확실성을 버리고 예술에 더 근접한 다면적인 사고를 채택하는 사유이다.

전체를 거부한다는 점에서, 현대의 대륙 사상가들 중에서 이례적이다. 그러나 대륙 철학에서 부정적 사유가 헤게모니를 쥔 상황에서, 네그리는 자신으로 하여금 긍정적 형이상학과 구성적 존재론을 추구하도록 하는 바탕을 어디서 발견하는 것일까? 우리는 존재론에 대한 들뢰즈와 네그리의 탐구가 철학적 물음의 옛 계보와 연결되어 있음을 분명하게 인식해야만 한다. 확실히 스피노자가 주요한 단초가 되는 인물이지만, 둔스 스코투스Duns Scotus, 루크레티우스Lucretius 그리고 다른 이들 또한 포함되어야만 한다. 데리다는 스피노자가 철학사에서 하이데거가 결코 화해하지 못한 한 명의 인물이라고 지적한 바 있다. 아마도 존재를 긍정적으로 정초하려는 스피노자의 생각은 하이데거로서는 이해할 수 없었을 것이다. 네그리가 존재론적 사상의 발전에 있어서 스피노자의 영향을 받았고 도움을 얻은 것은 분명하지만, 네그리로 하여금 긍정적 형이상학의 문제틀을 제시하도록 이끈 실질적 영향력은 더 국지적이며 직접적인 것이었다.

들뢰즈와 달리 네그리는 시대와 어긋나는 사상가가 아니다. 네그리의 존재론으로의 전회는 푸꼬가 미친 영향의 결과로 나온 철학하기의 새로운 조건들의 맥락에서 볼 때 가장 잘 이해될 수 있을 것이다. 나는 푸꼬가 우리에게 구성적 존재론을 제시한다고 주장하는 것은 아니다. 그의 사유가 이러한 긍정적 토대의 가능성을 제공한다고 주장하는 것이다. "그에게 그것은 거꾸로 서있다. 신비화된 껍질 안에 있는 합리적 핵심을 발견하기 위해 그것은 바로 세워져야 한다."[*Capital* 2판 후기 103] 푸꼬를 뒤집기 — 이것이 아마도 네그리의 존재론 연구의 가장 적절한 맥락일 것이다. 물론 푸꼬에게서 이러한 가능성을 발견하는 것은 그의 작업을 특별하게 해석할 것을 요구한다. 푸꼬에게서 존재론적 논의의 지위는 무엇인가? 많은 해석자들에게 푸꼬는 완전히 존재론에서 벗어난 세계처럼 보인다. 반대로 나는 존재론적 문제가 그의 저작들 전체에 걸쳐서 기층^{基層}으로서 가까이에 있다고 주장하려고 한다. 푸꼬는 그의 하이데거적이고 훗설적인 뿌리에서 점점 멀어져갔으며, 구조주의에의 충실함을 통하여 마침내 존재의 토대를 "우리 자신의 역사적 존재론"a historical ontology of ourselves이라는 형태로 세계의 표면으로 가져왔다.["What is Enlightenment?"] 바꾸어 말하자면, 많은 이들이 부정적 형이상학(부정의 힘, 존재의 부정적 본질)에 대한 푸꼬의 거부를 형이상학과 존재론 전체에 대한 거부로 독해하는데, 이는 분명 그가 구조주의를 거쳐 간 데서 가능해진 선택항들 중 하나이지만, 실제로 푸꼬는 다른 길을 택하는 것이다. "장치"dispositif론에서 그는 존재의 긍정적 토대에 관한 새로운 파악을 발전시킨다. 존재는 더 이상 초월적 영역의 감추어진 은거지에 거주하지 않고 이제 실제적 실천들과 욕망들을 긍정적으로 구성하는 메커니즘들, 훈육들, 배치들에서 세계의 표면 위로 펼쳐지게 된다. 이 자리에서 푸꼬에 대한 광범위한 분석에 착수할 수는 없다. 그리고 우리의 목적을 위해서 중요한 요소는 단지 그의 사유가 네그리에 미친 영향임을 명심해야 할 것이다. 그렇지만 나는 푸꼬에게 나타나는 이 존재론적 토대를 독해할 수 있는 가능성을 예증하는 것을 도울 세 가지 점을 제시했으면 한다. 첫째, 억압가설16에 대한 푸꼬의 거부를 존재론 논의의 맥락에서 생각해보라. 억압가설에 대한 푸꼬의 반대는 미리 존재하거나 미리 형성된 구성이라는 생각에 대한 반대이다. 푸꼬에게서 모든 욕망과 주체성은 세계에서의 실천을 통해서 구성된다. 구성의 계기가 근본적이다. 실재적 토대를 구축하기 때문이다. 푸꼬가 제시하는 이러한 구성관은 존재의 이상적이고 미리 형성된 본질을 거부하면서도 긍정적인 존재론적 토대를 찾으려는 그 어떤 유물론적 존재론에게도 핵심적인 것이다. 내가 생각해보고 싶은 두 번째 점은 "구조"와 "장치"의 차이이다. 푸

----

16. [옮긴이] 억압가설(repressive hypothesis) : 자본주의가 발흥한 이후로 약 300년 동안 권력이 성을 억압해왔다는 주장을 말한다. 푸꼬가 이 가설들에 던지는 세 가지 질문은 다음과 같다. 1) 성적 억압은 진실로 확증된 역사적 사실인가? 2) 금지, 검열, 부정은 진실로 모든 사회에서는 아닐지라도 우리의 사회에서 권력(힘)이 일반적으로 행사되는 형식들인가? 3) 억압의 시대와 억압의 비판적 분석 사이에 역사적 파열이 정말로 있었는가?

꼬의 성숙한 사유는 구조주의에 구체적 실체를 부여하고 동시에 그것을 정치화하는 것으로 보이며, 푸꼬가 말하는 장치는 존재의 무게, 물질성 그리고 힘을 담지하는 것처럼 보인다. 특정의 시대에 세계의 지평을 (우리의 사유와 행위의 한계를) 구성하는 장치들이 한데 엮여서 존재의 직물을 짠다. 예를 들어 푸꼬의 분석에 의하면 훈육의 시대에 장치들의 복합적 교차가 사유와 실천의 실재적 가능성을 구성하고 결정하는 실체의 차원을 이룬다. 푸꼬에게서 힘(권력)의 장치들은 한 시대의 실질적인 초험체들[17]을 구축한다. 이러한 방식으로 푸꼬는 두 번째 자연의, 혹은 더 정확하게는 항상 이미 인공적인 자연인 n 번째 자연의 구성에 대한 역사적이고 유물론적인 설명을 제공한다. 존재론은 모든 역사적 존재규정들을 포섭하고 축적하는, 실재적 힘의 관계들의 복합체로서 줄곧 다시 만들어진다. 그렇다면 장치의 발동에서는 정치의 문제가 형이상학의 중심으로 옮겨가는 것이다. 마지막으로, 장치의 이론은 구조의 이론을 존재론적 차원에서 정치화하고 실체화할 뿐만 아니라, 구조의 이론을 새로운 지향성志向

---

17. [옮긴이] 초험체들(transcendentals) : 여기서는 들뢰즈가 흔히 사용하는 의미로 쓰인 것으로 보인다. 이는 경험적 주체(혹은 개별 주체의 경험으)로 환원되지는 않지만 (그래서 '초험'으로 옮겼다) 경험적 주체에 무언가가 현현하는 조건들의 총체를 의미한다. 따라서 삶에 초월적인(transcendent ↔ 내재적인 immanent) 것이 아니라 삶에 내재하는 실재적인 것이다. 이에 대해서는 들뢰즈의 글 「내재성 : 하나의 삶」("L'immanence : Une Vie")을 참조.

性, intentionality과 주체성으로 살아 움직이게 만든다. 힘의 장치들이 결코 전반적인 의도 혹은 기획으로 행동하는 것은 아니지만, 그럼에도 불구하고 칸트의 자연에 목적성이 있는 것처럼 푸꼬의 힘에는 지향성이 있다. 자연을 구성하는 장치들은 세계를 주체성들의 성좌로서 조직한다.

푸꼬는 정치적 존재론, 즉 힘에 토대를 둔 역사적 존재에 대한 발전된 생각을 우리에게 제공한다. 여기서 네그리는 합리적 핵심을 발견한다. 그러나 많은 해석가들이 주목하였듯이, 푸꼬는 세계를 지칠 줄 모르는 주체화/종속화의 행진, 실체화된 "주체 없는 과정"processus sans sujet으로 구축하는 지배적 자연을 제시하는 듯하다. 푸꼬의 대부분의 작업에서 권력의 장치들이 능산적 자연(구성적 행위자)으로 제시되는 것처럼 보이고 사회적 주체는 소산적 자연(구성되고 결정되는 행위자)의 역할에 한정되는 것처럼 보인다. 여기가 바로 네그리가 주체를 능산적 자연의 위치로 데려오면서 푸꼬의 존재론의 전도를 수행하려는 지점이다. 바꾸어 말하자면, 네그리는 푸꼬적 존재의 긍정적 구성과정을 주체의 개입을 위한 기회로 본다. 우리의 집단적 실천과 노동을 통해, 우리의 힘을 통해 우리는 우리 존재의 복합적 네트워크의 한 가지[枝]를 구축할 수 있다. "실천의 실천, 다시 말하면 완전히 펼쳐진 사회적 실천 개념은 우리가 세계의 지평에 덧붙이는 존재론

적 잉여이다."[*Fabbriche del soggetto* 150～51] 우리의 집단적
실천과 우리의 집단적 노동을 조직함으로써 우리는 작지만
대단히 실재적인 우리 존재의 부분을 구축하는 것이다. 사회
적 실천을 통해 우리는 우리의 자연을 구성하는 데 개입할
수 있으며, 그리하여 우리의 사유와 행위의 지평들, 욕망과
즐거움의 지평들을 결정하기 위해 투쟁할 수 있다.

나는 이러한 간략한 설명이 네그리의 존재론적 탐구를
충분하게 다루거나 그것이 제기하는 중요한 물음들을 충분
하게 다루는 것이 되리라고 기대하지는 않는다. 나는 단지
네그리의 기획을 현대적 사유의 맥락에서 자리매김하는 것
그리고 푸꼬에게 있는 존재론적 가능성이 네그리에게 어떻
게 견고한 출발점을 제공하는가를 보여주는 것을 목표로 할
뿐이다. 네그리의 존재론은 힘의 발휘에 의하여 구성되는 물
질적·역사적 장場에 긍정적 토대를 둔다는 점에서 푸꼬의
존재론과 마찬가지로 정치적이다. 그러나 네그리는 사회적
주체들이 실천의 조직화를 통하여 이러한 존재론적 구성과
정에 개입하는 수단을 찾고자 한다. 네그리의 틀에서 정치적
조직화는 존재의 실재적 조직화이다.

결론적 논평 : 조직화의 예술

아마도 우리는 예술과 관련된 예로써[18] 부정否定에 대한 들뢰즈와 네그리의 논의의 지반을 잘 마련할 수 있을 것이다. 스페인 북동쪽의 작은 마을인 게르니카Guernica는 바스크 세계의 가장 오래된 경배의 장소였으며, 바스크 문화전통의 중심이었다. 유럽인의 관점에서는 계몽의 물결이 스페인 시골에 천천히 도달했다고 생각할 수도 있지만, 문화적으로 고립된 바스크 공동체는 아마도 대륙에서 고대 세계의 마지막 자취였을 것이다. 이 마을은 나치의 새로운 전쟁기계의 파괴력을 시험하기 위한 작전으로 1937년에 18대의 독일 비행기의 폭격을 받았다. 그 결과는 역사상 유례가 없는 규모의 참사였다. 계몽의 변증법을 위한 무대가 마련된 것처럼 보인다. 고대 세계의 정신적 중심이 가장 진전된 근대 기술에 의해 부정되는 것이다.

---

18. [옮긴이] 이하에 설명되는 사건을 소재로 한 피카소의 <게르니카>(*Guernica*)가 유명하다.

:: 참고문헌

네그리의 저술들

1964~1968년

"Il lavoro nella Costituzione"(1964), in *La forma Stato*, Feltrinelli, Milano, 1977, pp.27~110. [한국어본] 이원영 옮김, 「헌법 속의 노동」, 『디오니소스의 노동 1권』, 갈무리, 1996.

"Keynes and the Capitalist Theory of the State post-1929"(1967), in *Revolution Retrieved*, Red Notes, London, 1988, pp.5~42. [한국어본] 영광 옮김, 「케인즈 그리고 1929년 이후의 자본주의 국가 이론」, 『혁명의 만회』, 갈무리, 2005.

"Marx on Cycle and Crisis"(1967), in *Revolution Retrieved*, Red Notes, London, 1988, pp.43~90. [한국어본] 영광 옮김, 「맑스의 순환론과 위기론」, 『혁명의 만회』, 갈무리, 2005.

1968~1973년

"Crisis of the Planner-State : Communism and Revolutionary Organization"(1971), in *Revolution Retrieved*, Red Notes, London, 1988, pp.91~148. [한국어본] 영광 옮김, 「계획자국가의 위기 : 코뮤니즘과 혁명적 조직화」, 『혁명의 만회』, 갈무리, 2005.

La fabbrica della strategy : 33 lezioni su Lenin (『전략공장·레닌에 대한 33가지 교훈』) (1972), CLEUP and Libri Rossi, Padova, 1976.

"Partito operaio contro il lavoro(「노동에 반대하는 노동자당」)" (1973), in *Crisi e organizzazione operaia*, Feltrinelli, Milano, 1974, pp. 99~193.

"Rileggendo Pasukanis : note di discussion(「빠슈까니스에 대한 재독해: 토론노트」)" (1973), in *La forma Stato*, Feltrinelli, Milano, 1977, pp. 161~195.

1973~1979년

Proletari e Stato: per una discussione su autonomia operaia e compromesso storico(『프롤레
타리아와 국가 : 노동자 자율주의와 역사적 타협에 대한 토론을 위하여』),
Feltrinelli, Milano, 1976.

"Esiste un dottrina marxista dello Stato?"(1976), in *La forma Stato*, Feltrinelli,
Milano, 1977, pp. 273~87. [한국어본] 조정환 편역, 「국가에 대한 맑스
주의 이론은 존재하는가?」, 『자유의 새로운 공간』, 갈무리, 2007.

Il dominio e il sabotaggio : sul metodo marxista della trasformazione sociale, Feltrinelli,
Milano, 1977. [한국어본] 윤수종 옮김, 『지배와 사보타지』, 새길, 1996.

"Dal Capitale ai Grundrisse(「『자본론』에서 『요강』으로」)", in *La forma Stato*,
Feltrinelli, Milano, 1977, pp. 13~26.

"Dall'Estremismo al Che fare?(「『극단주의』에서 『무엇을 할 것인가?』로」)", in
La forma Stato, Feltrinelli, Milano, 1977, pp. 297~342.

Marx beyond Marx (1978), Bergin and Garvey, Massachusetts, 1984. [한국어본]
윤수종 옮김, 『맑스를 넘어선 맑스』, 새길, 1994.

다른 저자들의 저술들

Alquati, Romano, *Sulla FIAT e altri scritti*, Feltrinelli, Milano.

Althusser, Louis, *Eléments d'autocritique*, Hachette, 1974.

______, *Pour Marx*, Maspero, Paris, 1965. [한국어본] 이종영 옮김, 『맑스를 위하
여』, 백의, 1997.

______, *Lire le Capital*, Maspero, Paris, 1966. [한국어본] 김진엽 옮김, 『자본론
을 읽는다』, 두레, 1991.

______, *Lenin et la philosophie*, Maspero, Paris, 1971. [한국어본] 이진수 옮김, 『레
닌과 철학』, 백의, 1997.

Balestrini, Nanni, *Vogliamo tutto*, Feltrinelli, Milano, 1971.

Berardi, Franco, "Anatomy of Autonomy" in *Autonomia*, Semiotext(e), vol III, no
3, 1980, pp. 148~70.

Bocca, Giorgio, *Il caso 7 aprile : Toni Negri e la grande inquisizione*, Feltrinelli, Milano, 1980.

Cherki, Eddy and Wieviorka, Michel, "Autoreduction Movements in Turin" in *Autonomia*, Semiotext(e), vol III, no 3, 1980, pp. 72~79.

Fischer, Louis, *The Life of Lenin*, Harper and Row, New York, 1964.

Horkheimer, Max and Adorno, Theodor, *The Dialectic of Enlightenment*, Continuum, New York, 1972. [한국어본] 김유동 옮김, 『계몽의 변증법』, 문학과지성사, 2001.

Kelsen, Hans, *General Theory of State and Law*, Harvard, Cambridge MA, 1945.

Marcuse, Herbert, *An Essay on Liberation*, Beacon, Boston, 1969. [한국어본] 김택 옮김, 『해방론』, 울력, 2004.

______, *Reason and Revolution : Hegel and the Rise of Social Theory*, Beacon, Boston, 1960. [한국어본] 김현일 옮김, 『이성과 혁명』, 중원문화사, 2008.

Marx, Karl, *Capital*, Vintage, New York, 1977. [한국어본] 김수행 옮김, 『자본론 1~3권』, 비봉출판사, 2004.

______, *Grundrisse*, Vintage, New York, 1973. [한국어본] 김호균 옮김, 『정치경제학 비판 요강 1~3권』, 그린비, 2007.

Nietzsche, Frederick, *The Will to Power*, Vintage, New York, 1967.

Palombarini, Giovanni, *7 aprile : il processo e la storia*, Arsenale, Venezia, 1982.

Pashukanis, E., "The General Theory of Law and Marxism", in *Soviet Legal Philosophy*, ed. by John Hazard, Harvard, Cambridge, 1951.

Piotte, Jean-Marc, "Le cheminement politique de Negri", in *L'Italie : le philosophe et le gendarme*, vlb editeur, Montreal, pp. 17~35.

Sabel, Charles and Piore, Michael, *The Second Industrial Divide*, Basic Books, New York, 1984.

Tronti, Mario, *Operai e capitale*, Einaudi, Torino, 1966 and 1971.

:: **활동과 사상을 통해 본 안또니오 네그리 연보**

카톨릭 행동파, 사회주의자 시기 (1950~1963)

1933년 이딸리아 파도바에서 태어남.

1950년 청년 시절에 카톨릭 철학에 관심을 갖고 카톨릭 행동파에 가입했
    으나 교황 피우스 12세가 카톨릭 행동파의 진보적 대변인인 마리
    오 롯씨를 심하게 비난한 해인 1954년에 카톨릭 행동파에서 추
    방되었다. 그후 자유주의적 카톨릭 그룹인 인떼자(Intesa)에 가입
    했다가 파도바의 주교가 이 그룹의 사회주의적 경향을 억제하려
    하자 탈퇴했다.

1954년 이딸리아 통일사회당(PSIUP, 나중에 이딸리아 사회당에 통합)에
    가입.

1954년 장학금을 받아 프랑스 소르본느에 유학. 독일의 튀빙겐, 프라이부
    르크, 하이텔베르크, 뮌헨, 프랑크푸르트 대학 등에서도 공부함.

1956년 독일 역사주의에 대한 논문으로 박사학위를 수여. 파도바 대학
    학생 잡지 『일 보』(Il Bo) 편집장을 맡음.

1957년 파도바 법과 대학 법철학 조교수, 정치학 교수.

1959년 법철학 교수자격 획득. 이딸리아 사회당 시의회 의원으로 선출됨.
    이딸리아 사회당 베네치아 지부의 잡지인 『진보 베네또』 편집인
    을 맡음.

1959년 판지에리, 알꾸아띠 지도하에 또리노에서 출판되던 『붉은 노트』
    (Quaderni Rossi) 지 간행에 참여.

1962년 6월 또리노에 있는 피아트 공장에서 최초의 살쾡이 파업이 발발
    하고 이딸리아 남부에서 온 이주 노동자들의 주기적인 투쟁이 개

시된 것에 영향을 받음.

1963년 사회당이 기독교민주당과 동맹하여 첫 중도좌파 연합정부가 들어서자 사회당을 탈당함. 부인 파올라 메오와 맛씨모 캇차리와 함께 마르게라 항의 산업복합 단지 노동자들을 대상으로 『자본』 세미나 조직.

비판적 맑스주의 시기 (1964~1968)

1963~66년 사이에 <붉은 노트>가 분열되면서 마리오 트론띠, 로마노 알꾸아띠, 쎄르조 볼로냐 등과 함께 『노동계급』(*Classe Operaia*) 지를 창간함. 이것이 이딸리아 노동자주의(operaismo)의 시작이었다.

1966년 『노동계급』 내부의 분열. 그 한 편은 이딸리아 공산당의 혁신을 위해 싸우는 사람들이었고 다른 한편은 전통적 좌파와는 다른 조직을 추구하는 사람들이었는데 네그리는 후자에 속해 있었다.

1967년 국가론 교수 자격을 획득하고 쎄르조 볼로냐, 마리아로자 달라 코스따 등과 창설한 <파도바 대학 정치학 연구소> 소장을 맡음. 베네치아에서 구성된 <노동자 권력>(Potere Operaio) 집단에 참여함. 이 무렵 「케인즈 그리고 1929년 이후의 자본주의 국가이론」(1967), 「맑스의 순환론과 위기론」(1968), 「계획자국가의 위기」(1971) 등을 집필함.

레닌 재독해와 주체론적 휴지 시기 (1968~1973)

1968~9년 프랑스에서 시작된 혁명이 잦아든 후 1969년에 이딸리아에서 뜨거운 가을이 시작됨. 노동자들의 공장점거가 중요한 투쟁형태로 자리잡음. 네그리는 <노동자 권력>(나중에 <계속 투쟁>Lotta Continua으로 바뀜)을 중심으로 활동함.

1969년 12월 12일 밀라노 역에서 이딸리아 비밀기관들이 설치한 폭탄들이 터져 여러 명이 죽음. 이것은 명백한 국가테러리즘이었음에도 불구하고 아나키스트 피에트로 발프레다가 기소되어 2년간 부당한 옥살이를 함.

1971년 트렌띠노 대학의 카톨릭 좌파와 PCI 청년조직의 옛 구성원들이 <붉은 여단> 창설. 밀라노 피렐리 공장 투쟁에서 처음으로 모습을 드러냄.

1972년 펠트리넬리 출판사 총서 『맑스주의 자료』의 편집장 맡음.

1973년 봄 또리노의 피아트 공장에서 일주일 동안 공장점거 투쟁이 벌어짐.

1973년 롯쏠리나 대회에서 <노동자 권력> 해체. 네그리와 이딸리아 북부 도시들의 많은 투사들이 <노동자의 자율>(la Autonomia Operaia)을 결성함.

아우또노미아와 코뮤니즘의 구성 시기 (1973~1978)

1974년 밀라노에서 발간되던 정치신문 『롯쏘』(Rosso)에 참여. 이것이 이딸리아 북부 <노동자의 자율>을 연결하는 신문이 됨.

1974년 1973~4년 운동 체험을 기반으로 하여 「노동에 반대하는 노동자당」 집필.

1974년 9월 엔리코 베를린구에르가 역사적 타협 전략을 선언.

1974년 가을 전기요금의 자율인하를 위한 투쟁이 발발하고 로마의 산 바질리오 구에서 공장점거 운동이 전개됨.

1975~7년 아우또노미아에 근거한 사회, 정치, 문화 운동이 전개됨. 대도시들에서 청년 프롤레타리아 운동 출현. <계속 투쟁>이 해체됨. 이 집단의 레닌주의는 페미니스트 집단과 구의 자치단체들에 의해 비판받은 바 있다.

1976년 이딸리아 최초의 자유라디오 방송인 <라디오 알리체>가 출현함.

1976년 1973년에 행한 강연을 토대로 레닌의 조직론을 비판적으로 넘어서려는 책 『전략의 공장』 출간.

1976년 1974~5년 사이에 이딸리아 공산당 비판을 염두에 두고 쓴 글들을 모은 『프롤레타리아와 국가』 출간.

1977년 『국가 형태』 출간. 폭동교사 혐의로 수배되어 파도바 대학 정치연구소가 조사를 받게 되자 알뛰세르의 초청으로 프랑스로 건너가 파리 고등사범학교에서 『맑스를 넘어선 맑스』 강의.

1978년 3월 16일 기독민주당의 핵심인 알도 모로 수상 납치. 이 날은 공산당과 기독민주당의 지지를 동시에 받는 정부가 출범하는 날이었다. 경호원 5명이 죽었고 나중에 기독민주당과 이딸리아 공산당 본문 사이로 난 길 중간에 있는 차에서 모로의 사체가 발견됨.

1978~9년 아우또노미아의 위기. 운동에 대한 <붉은 여단>의 헤게모니가 증대됨.

1978년 『자본주의적 지배와 노동계급 사보타지』(1978) 출간.

체포와 옥중 투쟁의 시기 (1979~1983)

1979년 『맑스를 넘어선 맑스』 출간.

1979년 4월 7일 <노동자의 자율>과 <붉은 여단>의 수괴라는 혐의로 밀라노에서 체포. 이 때 30명의 동지들이 한꺼번에 체포됨.

1979년 4월 8일 알도 모로 수상의 납치 살해 혐의 및 국가권력에 대항하는 무장봉기 혐의 추가.

1979년 4월 14일 파도바 감옥에서 레빕비아 감옥으로 이감.

1979년 9월 마르체스에 있는 풋쏨브로네 특별감옥으로 이감.

1979년 11월 칼라브리아에 있는 팔미 특별감옥으로 이감.

1980년 3월 풀리아에 있는 트라니 특별감옥으로 이감.

1980년 옥중에서 『계급정치 : 동력과 형식』, 『코뮤니즘과 전쟁』 출간.

1980년 12월 트라니 감옥에서 반란 일어나 그 지도자 혐의를 받음.

1981년 1월 로마에 있는 특별감옥으로 이감.

1981년 2월 알도 모로 납치 살해 혐의 증거 불충분으로 네그리 재판 연기. 이후 계속 연기됨.

1981년 옥중에서 『야만적 별종』 출간.

1982년 여름 4월 7일 체포된 사람들이 레빕비아 정상감옥으로 이감.

1982년 옥중에서 『시간 기계 : 새로운 문제, 해방, 그리고 구성』 출간.

1983년 옥중에서 『파이프라인 : 레빕비아에서의 편지』 출간.

1983년 2월 24일 로마에서 4월 7일 사건 재판 시작. 네그리와 그의 동지들에 대한 재판은 밀라노에서 시작됨.

1983년 5월 2일 네그리 심문 시작.

1983년 6월 20~23일 파도바와 페루자 검찰이 네그리와 그의 동지들에게 새로운 구속영장 발부.

1983년 6월 25~26일에 있었던 이딸리아 총선에서 급진당 후보로 옥중 출마한 네그리가 밀라노, 로마, 나폴리 의원으로 선출됨.

1983년 7월 1일 로마 재판 중지.

1983년 7월 8일 의원면책 특권으로 석방.

1983년 7월 네그리의 의원면책 특권의 철회를 위한 의회 소송이 시작됨.

1983년 9월 14일 하원 회기 중에 논쟁이 시작되고 네그리가 자신의 의견을 진술함.

프랑스 망명과 새로운 자본순환 및 투쟁순환에 대한 탐구 시기 (1983~1997)

1983년 9월 19일 프랑스로 도피.

1983년 9월 20일 하원이 네그리의 면책특권 철회를 승인함. 찬성 300표 반대 293표. 급진당 의원 10명이 표결에 출석치 않음.

1983년 9월 26일 로마에서 4월 7일 사건 재판 재개. 네그리는 궐석으로 유죄 선고

1983년 11월 파리 국제철학대학의 외국인 평의회 위원으로 지명됨.

1984년 6월 제1심 법정이 궐석으로 네그리에게 30년 형을 선고함. 파리

8대학에서 정치학 강의 시작(승진과 봉급은 제한됨).

1985년 알체스떼 캄파닐레 살해에 대해 무죄, 트라니 감옥 반란에 대해 무죄, 두르쏘 판사 납치에 대해 무죄 선고됨.

1985년 펠릭스 가따리와 공동 작업으로 『자유의 새로운 공간』 출간.

1985년 봄 아우또노미아와 네그리에 대한 파도바/밀라노 재판 개시.

1985년 중반 네그리의 『도주 일기』 출판.

1987년 6월 네그리와 그의 동료들이 국가권력에 대한 무장봉기 혐의에 대해 무죄선고 받음.

1987년 한국에서 권위주의 정권에 항의하는 노동자들과 시민들의 대투쟁이 전개됨.

1989년 『전복의 정치학』 영어판 출간.

1989년 베를린 장벽 붕괴. 독일 통일.

1990년 봄 정치학, 철학, 문화를 주제로 한 계간 잡지 『전 미래』지 발간에 참여.

1991년 소련 붕괴. 부시가 새로운 세계질서 선언.

1992년 로스앤젤레스에서 흑인 및 유색인 노동자들의 봉기가 일어남.

1992년 변화된 계급구성에 대한 자신의 생각을 요약한 「오늘날의 계급 상황에 대한 해석」 발표

1992년 마키아벨리의 플로렌스에서 영국 혁명, 프랑스 혁명, 그리고 러시아 혁명에 이르기까지 구성적 힘의 움직임에 대해 탐구한 『제헌권력』(이딸리어판) 출간.

1992년 부시가 선언한 새로운 세계질서의 성격을 규명하기 위해 마이클 하트와 함께 『제국』 집필 시작.

1994년 멕시코 치아빠스 주에서 원주민들이 봉기를 일으킴. 사빠띠스따 민족해방전선이 NAFTA에 반대하면서 멕시코 정부에 대항해 선전포고를 하고 원주민들의 자치를 요구함.

1994년 마이클 하트와 함께 『디오니소스의 노동』 출간.

1995~1997년 프랑스, 독일, 한국 등지에서 신자유주의에 반대하는 노동
　　　　자 총파업 발발.

이딸리아 귀환 그리고 정치철학적 결산 : 『제국』과 『다중』(1997년~현재)

1997년 6월 아우또노미아 운동 20주년을 맞아 '납의 시대'를 끝내고 그
　　　　운동으로 말미암아 수배와 망명의 생활을 하고 있는 사람들의 문
　　　　제를 해결하고자 자발적으로 이딸리아로 돌아감. 자신의 귀환에
　　　　관한 입장을 담은 비디오 「미래로 돌아가다」 발표

1997년 7월 1일 로마의 레빕비아 감옥에 수감됨. 이후 얀 물리에 부땅,
　　　　에띠엔 발리바르 등이 참여한 국제적 사면운동 전개.

1999년 씨애틀에서 신자유주의적 지구화에 반대하는 국제적 연대시위가
　　　　전개됨.

1999년 말, 야간에만 감옥에 있고 낮에는 집에서 제한된 활동을 할 수
　　　　있는 형태로 네그리의 수형방식이 완화됨.

2000년 마이클 하트와 함께 공동작업한 『제국』이 출간되어 그의 주장이
　　　　국제적 관심사로 대두. 『제국』이 여러 나라 언어로 출간되고 이
　　　　를 둘러싼 국제적 논쟁이 벌어짐. 마이클 하트와 함께 『제국』의
　　　　후속편이자 새로운 주체성에 대한 경험적 탐구를 다룰 예정인 책
　　　　『다중』 집필에 착수.

2001년 6월 네그리의 수형방식이 저녁 7시에서 아침 7시 사이에는 집밖
　　　　으로 나갈 수 없다는 단서를 단 가택연금으로 바뀜.

2001년 7월 제노바에서 신자유주의적 지구화에 반대하는 시위가 전개되
　　　　자 경찰이 폭력적 진압을 함. 이 과정에서 23세의 청년 활동가
　　　　지울리아니가 경찰이 쏜 총에 맞아 사망함. 9월에는 뉴욕의 세계
　　　　무역센터와 펜타곤을 공격하는 폭탄테러가 일어남. 이에 대한 보
　　　　복으로 미국이 아프가니스탄 침공. 『제국』이 이 급격한 정세의
　　　　변화를 설명할 수 있는가 없는가를 중심으로 국제적 논쟁의 초점

이 이동함.

2003년 3월 미국이 이라크를 침공함. 이것이 '제국에 대한 제국주의적 반발'이라고 네그리가 말함.

2003년 1982년에 쓴 『시간 기계』와 1990년대 후반에 쓴 원고 *KAIRÒS, ALMA VENUS, MULTITUDE* 를 묶은 책 『혁명의 시간』(영어본) 출간.

2003년 4월 25일 재수감된지 거의 6년 만에, 그리고 1979년 4월 7일 체포 이후 24년 만에 가택연금 해제, 자유의 몸이 됨.

2003년 11월 유럽사회포럼에 참여하여 알렉스 캘리니코스와 <다중인가 노동계급인가>라는 주제로 토론을 벌임. 1,000여명이 몰려들어 음악 콘서트를 방불케 했다.

2004년 8월 『제국』의 후속편인 『다중』을 마이클 하트와 공동 집필하여 출간함.

2005년에 쥬셉뻬 꼭꼬(Giuseppe Cocco)와 함께 *GlobAL*을 포르투칼어로 출간. 이후 스페인어, 불어 등으로 번역됨.

2006년 10월 2일 빠리 쥐시외(Jussieu) 대학에서 열린 <방리유-되기>("Devenir Banlieue") 세미나에 참석함.

2008년 3월 19일에 일본에서 개최되는 각종 토론회에 참가해 달라는 초청을 받았으나, 정치범이었음을 입증하는 서류를 제출하라는 일본 외무성의 요구를 네그리가 거부함으로서 성사되지 못함. 세계 여러 나라를 여행하며 강의, 인터뷰, 자료수집 등을 하는 등 왕성한 활동을 하고 있음. 향년 76세.

183~187, 189~193, 195, 196
물리에 부땅, 얀(Moulier-Boutang, Yann)   163

ㅂ

베라르디, 프랑코(BERARDI, Franco)   160, 177
베르그손, 앙리(BERGSON, Henry)   139
베를린구에르, 엔리코(BERLINGUER, Enrico)   188
베버, 막스(WEBER, Max)   51
봇까, 조르조(BOCCA, Giorgio)   40, 42, 48, 129
보비오, 노르베르또(BOBBIO, Norberto)   27, 51, 171
복셀(BOXEL, Hugo)   149
볼로냐, 쎄르조(BOLOGNA, Sergio)   160
볼페, 델라(VOLPE, G. Della)   28
비트겐슈타인, 루트비히(WITTGENSTEIN, Ludwig)   203
빠슈까니스(PASHUKANIS)   144, 146~148
삐오뜨, 장 마르끄(PIOTTE, Jean-Marc)   61

ㅅ

슘페터(SCHUMPETER)   80~83
스딸린(STARLIN, Iosif Vissarionovich)   146
스뚜치까, (P. STUCHKA)   146
스피노자(SPINOZA, Baruch)   143, 149, 196, 205
쎄이블, 찰스(SABEL, Charles)   104

ㅇ

아감벤, 조르조(AGAMBEN, Giorgio)   203
아도르노(ADORNO, Theordor)   38
아마또(AMATO, 이탈리아 판사)   40
아옌데(ALLENDE, Salvador)   157
알꾸아띠, 로마노(ALQUATI, Romano)   28, 45
알뛰세르, 루이(ALTHUSSER, Louis)   135~138, 163, 164, 191
엥겔스(ENGELS, Friedrich)   145
오스틴, 존(AUSTIN, John)   51

1. 오늘의 세계경제 : 위기와 전망

크리스 하먼 지음 / 이원영 편역

1990년대에 자본주의 세계경제가 직면한 위기의 성격과 그 내적 동력을 이론적·
실증적으로 해부한 경제 분석서.

2. 동유럽에서의 계급투쟁 : 1945~1983

크리스 하먼 지음 / 김형주 옮김

1945~1983년에 걸쳐 스딸린주의 관료정권에 대항하는 동유럽 노동자계급의 투쟁
이 어떻게 전개되어 왔는가를 실증적으로 분석한 역사서.

7. 소련의 해체와 그 이후의 동유럽

크리스 하먼·마이크 헤인즈 지음 / 이원영 편역

소련 해체 과정의 저변에서 작용하고 있는 사회적 동력을 분석하고 그 이후 동유럽
사회가 처해 있는 심각한 위기와 그 성격을 해부한 역사 분석서.

8. 현대 철학의 두 가지 전통과 마르크스주의

알렉스 캘리니코스 지음 / 정남영 옮김

현대 철학의 역사에 대한 비판적 분석을 통해 철학에서 마르크스주의의 역할은 무
엇인가를 집중적으로 탐구한 철학개론서.

9. 현대 프랑스 철학의 성격 논쟁

알렉스 캘리니코스 외 지음 / 이원영 편역·해제

알뛰세의 구조주의 철학과 포스트구조주의의 성격 문제를 둘러싸고 영국의 국제사
회주의자들 내부에서 벌어졌던 논쟁을 묶은 책.

11. 안토니오 그람시의 단층들

페리 앤더슨·칼 보그 외 지음 / 김현우·신진욱·허준석 편역

마르크스주의 내에서 그리고 밖에서 그람시에게 미친 지적 영향의 다양성을 강조
하면서 정치적 위기들과 대격변들, 숨가쁘게 변화하는 상황에 대한 그람시의 개입
을 다각도로 탐구하고 있는 책.

12. 배반당한 혁명

레온 뜨로츠키 지음 / 김성훈 옮김

혁명적 마르크스주의의 입장에서 통계수치와 신문기사 등 구체적인 자료를 바탕으로 소련 사회와 스딸린주의 정치 체제의 성격을 파헤치고 그 미래를 전망한 뜨로츠키의 대표적 정치분석서.

14. 포스트모더니즘 이후의 정치와 문화

마이클 라이언 지음 / 나병철·이경훈 옮김

마르크스주의와 해체론의 연계문제를 다양한 현대사상의 문맥에서 보다 확장시키는 한편, 실제의 정치와 문화에 구체적으로 적용시키는 철학적 문화 분석서.

15. 디오니소스의 노동·I

안토니오 네그리·마이클 하트 지음 / 이원영 옮김

'시간에 의한 사물들의 형성'이자 '살아 있는 형식부여적 불'로서의 '디오니소스의 노동', 즉 '기쁨의 실천'을 서술한 책.

16. 디오니소스의 노동·II

안토니오 네그리·마이클 하트 지음 / 이원영 옮김

이딸리아 아우또노미아 운동의 지도적 이론가였으며『제국』의 저자인 안토니오 네그리와 그의 제자이자 가장 긴밀한 협력자이면서 듀크대학 교수인 마이클 하트가 공동집필한 정치철학서.

17. 이딸리아 자율주의 정치철학·1

쎄르지오 볼로냐·안또니오 네그리 외 지음 / 이원영 편역

이딸리아 아우또노미아 운동의 이론적 표현물 중의 하나인 자율주의 정치철학이 형성된 역사적 배경과 맑스주의 전통 속에서 자율주의 철학의 독특성 및 그것의 발전적 성과를 집약한 책.

19. 사빠띠스따

헤리 클리버 시늠 / 이원영·서창현 옮김

미국의 대표적인 자율주의적 맑스주의자이며 사빠띠스따 행동위원회의 활동적 일원인 해리 클리버 교수(미국 텍사스 대학 정치경제학 교수)의 진지하면서도 읽기 쉬운 정치논문 모음집.

32. 권력으로 세상을 바꿀 수 있는가

존 홀러웨이 지음 / 조정환 옮김

사빠띠스따 봉기 이후의 다양한 사회적 투쟁들에서, 특히 씨애틀 이후의 지구화에 대항하는 투쟁들에서 등장하고 있는 좌파 정치학의 새로운 경향을 정식화하고자 하는 책.

피닉스 문예

1. 시지프의 신화일기

석제연 지음

오늘날의 한 여성이 역사와 성 차별의 상처로부터 새살을 틔우는 미래적 '신화에세이'!

2. 숭어의 꿈

김하경 지음

미끼를 물지 않는 숭어의 눈, 노동자의 눈으로 바라본 세상! 민주노조운동의 주역들과 87년 세대, 그리고 우리 시대에 사랑과 희망의 꿈을 찾는 모든 이들에게 보내는 인간 존엄의 초대장!

3. 볼프

이 헌 지음

신예 작가 이헌이 1년여에 걸친 자료 수집과 하루 12시간씩 6개월간의 집필기간, 그리고 3개월간의 퇴고 기간을 거쳐 탈고한 '내 안의 히틀러와의 투쟁'을 긴장감 있게 써내려간 첫 장편소설!

4. 길 밖의 길

백무산 지음

1980년대의 '불꽃의 시간'에서 1990년대에 '대지의 시간'으로 나아갔던 백무산 시인이 '바람의 시간'을 통해 그의 시적 발전의 제3기를 보여주는 신작 시집.

Krome…

1. 내 사랑 마창노련 상, 하

김하경 지음

마창노련은 전노협의 선봉으로서 87년 노동자 대투쟁 이후 민주노총이 건설되기까지 지난 10년 동안 민주노동운동의 발전을 이끌어 왔으며 공장의 벽을 뛰어넘은 대중투쟁과 연대투쟁을 가장 모범적으로 펼쳤던 조직이다. 이 기록은 한국 민주노동사 연구의 소중한 모범이자 치열한 보고문학이다.

2. 그대들을 희망의 이름으로 기억하리라

철도노조 KTX열차승무지부 지음 / 노동만화네트워크 그림
민족문학작가회의 자유실천위원회 엮음

KTX 승무원 노동자들이 직접 쓴 진솔하고 감동적인 글과 KTX 투쟁에 연대하는 16인의 노동시인·문인들의 글을 한 자리에 모으고, 〈노동만화네트워크〉 만화가들이 그린 수십 컷의 삽화가 승무원들의 글과 조화된 살아있는 감동 에세이!

3. 47, 그들이 온다

철도해고자원직복직투쟁위원회 지음 / 권오석, 최정희, 최정규, 도단이 그림
전국철도노동조합 엮음

2003년 6월 28일 정부의 철도 구조조정에 맞서 총파업을 하고 완강히 저항하다 해고된 철도노동자 47명, 그들이 부산에서 서울까지 순회·도보행군에 앞서 펴낸 희망의 에세이!